NFT로 부의 패러다임을 바꾼 사람들

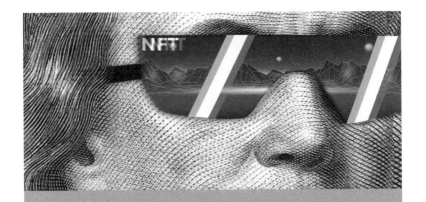

메타버스와 블록체인 시대, 가상현실이 자산공룡을 만들다

NFT로
부의 패러다임을
바꾼 사람들

아모 겐스케 · 마스다 마사후미 외 지음 | 정현옥 옮김

RHK
알에이치코리아

일러두기

- 이 책의 원서는 총 3부로 구성되어 있으나, 그중 2부 'NFT 관련 법률과 회계'는 일본 현지의 법률에 한정되기에 번역판에서는 저작권사와 협의를 거쳐 생략했습니다.
- 저작권사와의 계약에 따라 원서의 2부를 집필한 저자의 이름 및 소속을 아래에 표기합니다.
  - 마스다 마사후미(增田雅史), 후루이치 케이(古市啓) - 모리 · 하마다 마쓰모토 법률사무소
  - 나가세 다케시(長瀨威志), 고마키 슌(小牧俊) - 앤더슨 · 모리 · 도모쓰네 법률사무소
  - 사토 소(斎藤創), 아사노 심페이(浅野真平), 이마나리 가즈키(今成和樹) - 소 · 사토 법률사무소
  - 오가사와라 게이스케(小笠原啓祐) - 딜로이트 토마츠 감사법인
  - 후지이 유키노리(藤井行紀) - 딜로이트 토마츠 세무법인

NFT가 달려온 길

이 책은 NFT Non-Fungible Token(대체 불가능한 토큰)에 관심 있는 모든 독자를 위해 NFT와 관련한 비즈니스 및 기술, 그리고 그것을 반영하는 사회 현상을 포괄적으로 다룬 종합서이자, 새로운 부의 트렌드를 모색하는 길잡이다.

2009년 1월, 최초로 발행된 비트코인의 줄기를 타고 내려온 NFT는 분산형 장부인 블록체인 기술을 이용한다. 블록체인은 가상통화 및 암호자산 분야에서 세계적으로 통용되는 기술이다. 원래 블록체인에서 거래되는 암호자산이나 토큰은 수량에 따라 파악될 뿐 뚜렷한 개성이 없었다. 그러나 가상 고양이를 기르고 수집하는 게임인 크립토키티 Crypto Kitties에서 2017년 11월 이더리움 토큰 방식으로 개성 넘치는 고양이 캐릭터를 출시하자마자 이용자 사이에서 폭발적인 반응이 일어났다. 같은 해 12월에는 고양이 한 마리가 11만 8000달러(약 1억 2500만 원)에 거래되기까지 했다.

그 후 블록체인 기반 게임을 중심으로 NFT의 활용 범위가 서서히 확대되었지만, 대중매체의 관심을 사로잡으며 본격적으로 주목을 받게 된 계기는 따로 있다. 디지털 아티스트 비플Beeple이 2021년 3월 옥션하우스 크리스티Christie's를 통해 공개한 〈매일: 첫 5000일Everyday-The First 5000 Days〉이라는 NFT 작품이 6930만 달러(약 780억 원)에 낙찰되어 전 세계의 이목을 끈 것이다.

NFT를 응용한 예는 이 책에서 앞으로 다루게 될 여러 방면으로 확대되었고, 현재도 그 열기가 식을 줄 모른다. 그러나 NFT가 무엇이고 무엇을 가능하게 하는가와 같은 현실적인 문제는 제대로 알려지지 않은 채 반복해서 화제에만 오르다 보니 NFT라는 단어가 아예 만능 키워드처럼 쓰이기도 한다.

나는 NFT가 현재 떠오른 분야에 그치지 않고 여러 방면에서 활용되어 사회에 엄청난 파장을 몰고 올 기술이라고 믿어 의심치 않는다. 하지만 진정으로 활용 가치를 높이기 위해서는 지반을 탄탄히 세울 논의가 충분히 선행되어야 한다고 생각한다. 이 책을 집필한 동기 또한 우선 NFT가 어디쯤 서 있는지 돌아보고 그 후 NFT의 미래를 가늠하자는 데 있다.

변호사라는 직업 특성상 매일같이 NFT와 관련한 법적 논점들

　NFT로 부의 패러다임을 바꾼 사람들

을 마주하고 있지만, 막상 NFT를 주제로 책을 기획하려고 보니 불완전한 법률 부분만 다루어서는 사회적 요구에 부응하기 어렵 겠다는 생각이 들었다. 그래서 좀 더 폭넓은 분야에서 NFT 사업 에 종사하는 전문가들에게 정보를 얻어 종합선물세트처럼 책을 구성해야겠다고 마음먹었다.

때마침 내가 법률 고문으로 참여한 일본암호자산비즈니즈협 회JCBA의 NFT부회에서 'NFT 사업에 관한 가이드라인'을 공표했 고, 이로써 협회 활동도 일단락지은 참이었다. 그래서 이왕이면 NFT 분야의 올스타라 할 수 있는 인물들로 집필진을 구성해야겠 다는 의지에 불타올라서 NFT부회 회장인 아모 겐스케天羽健介에 게 공동편집 대표를 맡아 달라고 부탁했고, 그도 흔쾌히 수락했 다. 드디어 기획을 실행에 옮기게 된 것이다. 더할 나위 없이 화려 한 경력을 보유한 집필진의 손으로 완성된 이 책을 세상에 내놓 게 되어 감회가 새롭다.

이 책의 대략적인 구성은 다음과 같다.

우선, 1부 'NFT로 부자가 된 세상'에서는 NFT란 무엇인가 하 는 질문에서 출발한다. 비즈니스는 물론 기술 측면까지 사례를 들 어 다루었고, NFT가 사회에 어떤 방식으로 영향을 미치는지 종합 적으로 정리했다. 아모 회장의 감수를 거쳐서 NFT 활용 분야를 거래소, 게임, 미술, 스포츠, 음악, 트레이딩 카드 등으로 세분했고 각각의 분야를 가장 잘 설명할 수 있는 집필진을 모았다. 화면 캡

처나 도표 등을 충분히 활용해서 독자가 알아야 할 정보를 간결하고 쉽게 전달하려고 애썼다.

2부 'NFT가 그리는 미래'에는 1부에서 다룬 NFT의 현재에서 어떤 미래가 예상되는지를 둘러싸고 NFT에 혜안이 있는 석학들의 다양한 시각과 관점을 실었다.

이렇듯 올스타라 할 수 있는 집필진 덕분에 이 책은 NFT의 과거와 현재, 미래를 아우르는 종합서로 거듭났다. 책이 나오기까지 아사히신문출판의 야노 도모히로谷野友洋가 편집 과정에 큰 힘을 보태주었다. 야노 도모히로와는 2012년에 『디지털 콘텐츠 법제, 과거·현재·미래의 과제デジタルコンテンツ法制 過去·現在·未來の課題』라는 제목의 책을 출간하면서 저자와 편집자로 인연을 맺었는데, 소중한 시간을 다시 함께해주어 감사하다. 또 기획안이 미숙한데도 책이 출간될 수 있도록 지치지 않고 달려준 아모 공동편집 대표와 헌신적으로 협력해준 모든 집필진에게도 다시 한번 감사의 말씀을 전한다.

마지막으로, 이 책이 NFT와 관련 있는 모든 이에게 올바른 길을 안내하여 언젠가 NFT를 활용하는 데 조금이라도 보탬이 되기를 바란다.

공동편집 대표 마스다 마사후미

NFT로 부의 패러다임을 바꾼 사람들

2부 | NFT가 그리는 미래

1부

NFT로 부자가 된 세상

일본암호자산비즈니스협회 NFT부회 회장

아모 겐스케

1부 'NFT로 부자가 된 세상'에서는 NFT의 현황 전반을 소개한다. 앞으로 NFT가 활용될 주요 분야를 선별하고, 해당 분야의 대표적인 활용 사례와 지지 기반이 된 기술을 설명한다. NFT 분야별 선두 주자들이 집필을 맡아서 기업마다 제공하는 대표적인 서비스와 전망, 과제에 대해 이야기를 풀어놓는다.

우선 1장에서는 지금 NFT가 주목받는 이유와 NFT의 정의, NFT를 둘러싼 상황을 개괄하는 차원에서 내가 첫 타자로 나섰다. 2장에서는 독자가 실제로 구매에 참여해보기를 바라는 마음에서 주요 NFT 거래소와 구매 방법을 설명한다. 일본 코인체크 NFT 베타버전Coincheck NFT β版에서 NFT 사업을 책임지는 나카시마 유키中島裕貴가 이 부분을 맡았다. 3장은 미술에 관한 내용이다. 유독 NFT와 친화성이 높은 미술 분야는 아트 크리에이터의 작품을 주로 취급하는 일본 최초의 마켓 플레이스인 나나쿠사nanakusa의 운영자 고장덕高長德이 맡았다. 4장은 엄청나게 빠른 속도로 시장을 형성하고 있는 메타버스에 관한 내용이다. 메타버스란 도대체 무엇일까. 이 부분은 가상 상점거리 코나타Conata를 운영하는 비욘드 콘셉트Beyond Concept의 대표 후쿠나가 쇼지福永尚爾가 맡았다. 5장에서는 크립토게임Crypto Games 대표인 오자와 고타小澤孝太가 게임시장을 둘러보고, 6장에서는 더샌드박스The Sandbox의 최고운영책임자인 세바스티앙 보르제Sebastien Borget가 세계 게임시장을 되짚어본다. 일본에서는 트레이딩 카드 게임Trading Card Game, TCB★ 이 대세지만 세계적으로는 입체적인 다수의 동시 참가형 게임이 높은 점유율을 보이는데, 그 흐름을 따라가본다. 7장은 스포츠에 관한 내용이다. 스포츠 업계에 새로운 물결을 일으킨 스포츠 엔터테인먼트 및 핀테크 기업 칠리즈Chiliz의 창립자 알렉산드레 드레이푸스Alexandre Dreyfus와 일본시장 마케팅 및 홍보 담당인 모토기 유스케元木佑輔가 함께 가까운 미래에 일어날 수도 있는 스포츠 업계의 변혁에 관해 설명한다. 8장은 트레이딩 카드에 관한 내용이다. NFT 트레이딩 카드 사업을 운영하는 코인북coinbook 대표인 오쿠

★ 실물 카드를 가지고 일정한 규칙에 따라 상대와 대전하거나 카드를 거래하는 게임

아키 준奧秋淳이 현상을 소개한다. 9장은 패션에 관한 내용이다. 디지털 패션상점 조이파Joyfa를 운영하는 히라테 고지로平手宏志朗가 패션에 미술과 메타버스를 결합하는 새로운 시도들과 관련해 이야기를 풀어놓는다. 10장에서는 음악을 다룬다. 음악 전문 마켓 플레이스인 더 NFT 레코드The NFT Records를 운영하는 클레이오KLEIO의 대표 가미나 히데키神名秀紀가 음악과 NFT를 조합하려고 나선 전 세계의 도전과 그 가능성을 소개한다. 11장과 12장에서는 NFT 맞춤형 블록체인을 설명한다. 세계의 현황은 크립토키티 개발사인 대퍼랩스Dapper Labs의 CBO 미카엘 나엠Mikhael Naayem과 일본 지역 자문위원인 기타하라 다케시北原健가 맡았고, NFT 플랫폼 사업 및 블록체인 컨설팅 기업인 해시포트Hash Port의 대표 요시다 세이하쿠吉田世博가 뒤이어 설명한다. 13장에서는 코인체크 NFT(베타버전)의 NFT 개발 책임자인 젠포우 준善方淳이 기술적으로 해결해야 할 과제들을 설명한다.

NFT는 미술이나 게임 등 분야에 따라 제각기 풀어야 할 문제점이나 앞날에 대한 전망이 다르며, 미술과 트레이딩 카드, 게임과 메타버스, 패션과 메타버스와 같은 방식으로 서로 교차하며 사업을 진행한다. 이 책에서 소개한 내용은 가능한 최신 자료를 담았지만 구체적인 분류 방식은 끊임없이 바뀔 것이다. 또 NFT가 살아남으려면 콘텐츠나 지식재산권Intellectual Property, IP 자체에 이용자의 호기심을 자극할 만한 매력이 있어야 하며, NFT나 블록체인의 쓸모를 이용자에게 인식시켜야 한다. 그러므로 어디까지나 현재 시점에서 다양한 사례를 살펴보며 근본적으로 가치 있는 NFT란 어떤 것인지 생각해볼 기회가 되기를 바란다.

콘텐츠 · 권리의 유통 혁명, 디지털 자산 NFT가 주목받는 이유

NFT라는 단어가 용암처럼 끓어오르고 있다. 전 세계의 많은 기업이 NFT 비즈니스에 발을 들여놓겠다고 밝힌 상태다. 그 배경에는 무엇이 있을까. 이 책의 공동편집 대표이자 일본암호자산비즈니스협회 NFT 부회 회장인 아모 겐스케가 NFT의 현상을 개괄적으로 설명한다.

아모 겐스케 ──────────────────── 天羽健介

대학교를 졸업한 후 무역회사를 거쳐 2007년 리쿠르트에 입사했다. 신규
사업 개발 부문에서 경력을 쌓고 2018년 코인체크로 이직했다. 주로 신규
사업 개발이나 암호자산 상장 관련 업무, 업계 단체와 교섭하는 부서에서
책임자로 근무했으며, 일본 암호자산 거래 수 최고 기록을 보유하고 있다.
2020년 5월부터 집행위원으로 일했으며, 현재는 NFT와 IEO 등 신규 사업
개발이나 암호자산 상장 관련 업무 외에도 고객관리까지 담당하고 있다.
2021년 2월에 코인체크 테크놀로지의 대표이사로 취임했고, 일본암호자산
비즈니스협회에서 NFT부회 회장으로 활동하고 있다.

급성장한 NFT 시장

2021년 3월에 진행된 두 건의 경매가 세계를 발칵 뒤집어놓았다.

우선, 비플이라는 이름으로 활동하는 디지털 아티스트 마이크 윈켈만Mike Winkelmann의 NFT 작품 〈매일: 첫 5000일〉이 약 6930만 달러(약 780억 원)에 낙찰되었다. 또한 트위터의 공동창업자이자 CEO였던 잭 도시Jack Dorsey가 트위터에 처음으로 작성한 '지금 막 트윗 설정했음just setting up my twttr'이라는 게시글은 약 291만 달러(약 32억 원)에 낙찰되었다.

돌이켜보면 20세기 초에 탄생한 월드와이드웹www, World Wide Web 서비스 덕분에 인터넷 기술이 여명기를 맞이했을 때도, 갑작스러운 계기로 새로운 기술이 대중 속으로 파고들면서 괴기스러운 열광에 휩싸이긴 했다. 그렇게 본다면 현재 NFT는 새로운 시대로

표1 **급속도로 성장한 NFT 시장**

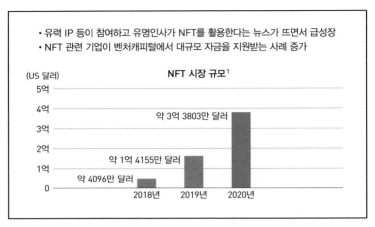

- 유력 IP 등이 참여하고 유명인사가 NFT를 활용한다는 뉴스가 뜨면서 급성장
- NFT 관련 기업이 벤처캐피털에서 대규모 자금을 지원받는 사례 증가

(US 달러)   NFT 시장 규모[1]

5억
4억
3억   약 3억 3803만 달러
2억
1억   약 1억 4155만 달러
0   약 4096만 달러
        2018년   2019년   2020년

1 출처: https://jp.reuters.com/article/us-fintech-nft-data-idCAKCN2EB1I8

들어가는 입구에 선 것일지도 모른다. NFT와 친화성이 높은 콘텐츠 및 권리는 NFT·블록체인에 기반해 데이터로 바뀌면서 그 가치가 드러났고, 국경을 초월한 매매도 가능해졌다. 이런 점에서 NFT의 등장을 콘텐츠 및 권리 유통의 혁신이라고 한다. 게임 아이템과 디지털 아트, 트레이딩 카드, 음악, 각종 회원권, 패션 등 다양한 분야에서 날마다 새로운 비즈니스가 탄생하고 있으니 말이다.

2020년과 2021년에는 코로나바이러스 감염증-19의 영향으로 디지털화가 빠르게 확산했다. 매일같이 출근해 사무실에서 업무를 보던 직장인들은 집에서 화상회의 도구를 이용해 디지털 공간에서 회의하는 날들에 익숙해졌고, 현실세계와 가상세계의 경계도 모호해졌다. 지금은 평면 스크린을 이용하지만, 머지않아 VR/AR 등의 메타버스(가상공간)와 5G 등의 통화기술이 일반화되면 현실과 디지털을 구분하기가 더욱 어려워질 것이다.

메타버스는 흔히 차세대 SNS라고들 한다. 2021년 8월에는 메타(구 페이스북, 2021년 10월 28일 사명 변경) 창업자이자 CEO인 마크 저커버그Mark Zuckerberg도 기업명을 메타로 바꾸고 메타버스에 힘을 싣겠다는 의지를 강하게 드러냈다. 기존에는 이 가상공간에서 게임만 즐겼다면, 이제는 일과 놀이, 패션, 연애를 통해 자신을 표현하고 소통하는 등 현실세계에서와 다를 바 없는 생활을 이 공간에서 누릴 수 있게 될 것이다.

일상생활이 가능하다는 것은 그곳에서 경제활동도 가능하다는 뜻이다. 현실세계에서 돈과 물건, 서비스를 교환하듯이, 디지털 공간에서도 가상이긴 하지만 돈과 물건, 사업, 서비스가 오가는 것이다. 이때 우리는 NFT를 이용하게 될 것이다. 지구상의 거의 모든 것은 유일무이하고 똑같은 것은 하나도 없다니, 상상만 해도 그 방대한 영향력의 범위와 무한한 가능성을 일찍이 알아본 사람도 있으리라.

NFT라는 디지털 자산과 블록체인

생소한 독자를 위해 NFT에 대해 간단하게 먼저 짚어보겠다.

NFT는 Non-Fungible Token을 줄인 말이다. 대체할 수 있다는 뜻의 'Fungible'에 'Non'이 붙어, 모든 것이 고유하며 똑같은 것은 이 세상에 하나도 없다는 말이 되었다. Token에는 대용화폐나 인환권引換券이라는 뜻도 있으나, 여기서는 '세상에 단 하나뿐인 디지털 자산'이라고 굳이 의역하기로 한다.

현재 가장 널리 유통되는 디지털 자산은 비트코인bitcoin과 이더리움Ethereum으로 대표되는 암호자산(가상통화)이다.

암호자산의 경우, 원이나 달러 등의 현금통화와 마찬가지로 A가 보유한 1비트코인과 B가 보유한 1비트코인의 가치가 똑같다. 그러므로 A와 B가 비트코인을 서로 맞바꾸어도 아무런 변화가 일어나지 않는다. 그래서 암호자산은 FTFungible Token, 즉 대체할 수 있는 디지털 자산에 해당한다.

NFT와 암호자산 모두에 블록체인이라는 공통의 기술이 적용되지만, NFT는 암호자산과 달리 블록체인 안에 각각의 식별 기호, 말하자면 '세상에 둘도 없는 고유 데이터'가 기록되어 있다. 그래서 개개의 디지털 자산은 각기 다른 것, 바꾸지 못하는 자산이 된다.

동일 브랜드에서 만든 똑같은 디자인의 티셔츠라고 해도 금메

표2 **NFT란 무엇인가**

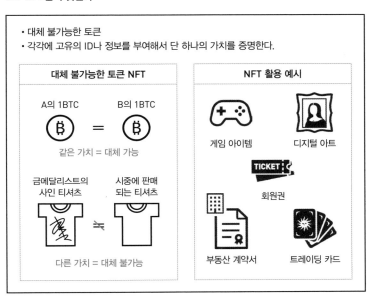

- 대체 불가능한 토큰
- 각각에 고유의 ID나 정보를 부여해서 단 하나의 가치를 증명한다.

대체 불가능한 토큰 NFT

A의 1BTC = B의 1BTC

같은 가치 = 대체 가능

금메달리스트의 사인 티셔츠 ≠ 시중에 판매 되는 티셔츠

다른 가치 = 대체 불가능

NFT 활용 예시

게임 아이템

디지털 아트

TICKET

회원권

부동산 계약서

트레이딩 카드

달리스트의 친필 사인이 들어간 티셔츠라면 완전히 다른 가치를 지니는 '단 하나의 상품'이 된다. 마찬가지로 이 세상에 하나밖에 존재하지 않는 NFT는 고유의 가치를 만들어낸다. 그래서 굳이 대체 불가능한 디지털 자산, NFT라고 이름을 붙인 것이다.

이 참에 블록체인도 짚어보자. 블록체인이란 쉽게 말해서 관리자가 존재하지 않는 장부다. NFT와 FT(암호자산)가 모두 이 블록체인 기술을 활용한다.

네트워크를 관리하는 시스템에는 공개된 정보를 여러 이용자

가 상호 승인해서 신뢰도를 높여가는 분산형 장부기술이 있다. 이 기술은 특정 권한이 있는 사람만 접근할 수 있는 중앙집권적 관리 구조와 달리 상당히 민주적인 데이터 관리법이다. 이 분산형 장부기술에 속하는 영역 중 하나가 바로 블록체인이다.

블록체인의 우수한 점은 크게 세 가지다. 첫째로 파괴하거나 복사하지 못한다. 둘째로 가치 자체를 이전할 수 있다. 예를 들어 은행에서 해외로 송금하면 여러 사업자를 거치고 데이터도 변환해야 해서 이러저러한 수수료가 발생하지만, 가상통화는 불필요한 비용을 들이지 않고 통화 데이터도 바꾸지 않은 채 곧바로 송금할 수 있다. 셋째로는 추적이 가능하고 누구나 열람할 수 있다는 점을 들 수 있다. 이 점은 인터넷에서는 불가능하다. 그래서 블록체인을 인터넷보다 상위 기술이라고들 한다.

NFT는 블록체인 기술 규격 중 하나이기도 하다. 상호 승인을 통해 누구나 참여할 수 있다는 의미에서는 FT(암호자산)와 같지만, 앞서 설명했듯이 유일한 가치를 증명하기 위해 암호자산과는 다른 규격을 쓴다. 말하자면 NFT의 데이터에는 고유의 아이디ID가 붙어서 따라다닌다.

이런 기술적 특징들을 이해하게 되면 NFT와 친화성 높은 비즈니스의 종류가 쉽게 떠오를 것이다. 대표적인 예가 캐릭터나 판권 등 지식재산권과 관련한 비즈니스다. 도입부에서 소개한 디지털 아트를 비롯해 저작권이 발생하는 온갖 콘텐츠 사업은 NFT와 아주 잘 어울린다. 앞으로 원작 데이터 매매는 물론이고 2차 판매나 권리 이전 등이 NFT를 응용한 시스템 안에서 해결된다면 NFT 비즈니스에 잠재된 가능성은 어마어마해진다. 현실세계에서 이뤄지던 직접 소매가 인터넷 판매로 전환되었듯이 말이다.

시작은 블록체인 게임이었다

NFT가 본격적으로 이목을 끌기 시작한 시기는 2017년이다. 캐나다에서 스타트업한 게임회사 대퍼랩스가 세계 최초로 블록체인 게임인 크립토키티를 개발했는데, 이 게임이 출시되자마자 폭발적인 인기를 얻었다.

크립토키티는 일본에서 1996년에 발매된 다마코치처럼 애완동물을 기르는 게임인데, 이더리움의 NFT 규격을 이용한다. 이더리움은 가상통화로 알려져 있으나, 분산형 앱 개발용 기반 기술을 가리키기도 한다. 그를 통해 이용자끼리 고양이 캐릭터를 교배하거나 분양하면서 네트워크 안에서 거래할 수 있다는 점이 크립토키티의 가장 큰 특징이다. 초기에는 캐릭터 한 마리가 11만 달러(약 1억 3000만 원)라는 고가에 판매되어 화제가 되었다.

그런데 느닷없이 이용자들 사이에서 거래에 불이 붙어 블록체인 네트워크가 혼잡해졌고, 거래 대기 시간이 지연되는 문제가 발생겼다. 이 현상을 가스비 문제 또는 확장성 문제라고 하는데, 여기서 가스비Gas Fees란 이더리움 체계에서 쓰이는 일종의 수수료를 말한다. NFT를 발행하거나 전송하는 등 거래가 발생할 때 내야 하는 수수료인데, 네트워크 상황에 따라 금액이 수시로 바뀐다. NFT나 디파이DeFi 등이 유행하면서 가스비가 급등해 문제로 제기되었다.

FT건 NFT건 디지털 자산은 블록체인 네트워크의 채굴자가 거래를 승인해야 비로소 거래가 성립한다. 마이너라고도 불리는 채굴자는 거래 데이터를 검증하고 기존 블록체인에 새로운 블록을 추가해서 보수를 얻는 제삼자다.

원이나 달러 등의 법정통화는 정부나 중앙은행에서 신용을 부여해야만 발행되고 시중에 유통된다. 이 방식이 중앙집권형 구조다. 반면, 암호자산이나 NFT 등의 디지털 자산은 데이터가 네트워크 안에서 공개되기 때문에 전 세계에서 모여든 불특정 다수의 채굴자에게 검증을 받는다. 여기서 문제가 없으면 그 데이터는 승인을 얻어 발행되고 유통된다. 이 방식을 분산형 구조라고 하며, 신뢰성을 보증한다.

디지털 자산의 매력은 특정 국가나 기업이 주도하는 폐쇄된 중앙집권적 관리가 아니라 누구나 참여할 수 있는 개방된 분산형 관리라는 점이다. 그래서 승인을 얻기까지 시간과 비용이 들기 때문에 기술적인 문제 말고도 신용 보증과 관련해 해결해야 할 과

NFT로 부의 패러다임을 바꾼 사람들

제가 산재해 있다.

    NFT를 발행할 때 세계적으로 가장 많이 사용하는 규격은 이더리움에 기반한 ERC*-721이다. NFT용 규격(IRC-721 등)이 있기는 하지만, 이더리움이 선점하고 있어서 이더리움의 ERC-721을 현재도 가장 널리 공유하는 대표적인 규격으로 인정한다. 또 앞으로 소개하겠지만, NFT에서 운용하기 쉬운 플로우Flow나 팔레트Pallet라는 블록체인 기술도 나오고 있다.

    NFT 영역에서 이더리움은 스마트 계약smart contract에 가장 널리 쓰인다. 스마트 계약은 블록체인에서 일정 조건을 충족하면 자동으로 거래가 체결되는 프로그램이다. 다만, 이더리움은 NFT에 특화한 기술이 아니고 다양한 영역에 적용된다. 사실, 이 스마트 계약의 기술 차이가 비트코인과 이더리움의 결정적인 차이다. 비트코인은 가치 자체를 이전하는 구조만 갖추고 있다. 반면, 이더리움은 독자적인 스마트 계약을 통해서 그 안에 계약과 관련한 부수적인 내용까지 내장할 수 있다.

★ Ethereum Request for Common을 줄인 말로, 이더리움을 실행하기 위한 표준 규격을 뜻한다.

세계 속 NFT 그리고 일본

일본에서는 2020년부터 NFT와 연관된 비즈니스에 관심이 쏟아지고 있다. 암호자산 거래소나 IT 계열 기업은 물론이고 게임회사, 출판사 등 NFT로 전환할 수 있는 판권이나 콘텐츠를 보유한 IP 사업자들이 NFT 비즈니스에 참여하기 시작했다.

NFT에 대한 일본의 대중적 관심도는 표3에서 2021년 구글 검색 수 추이를 참고하면 이해하기 쉬울 것이다.

표를 보면, 2021년 2월 말에서 3월 초에 검색 수가 가파르게 증가하고 있다. 이 역시 대퍼랩스가 도화선이었다. 미국 프로농구

표3 **2021년 이후 NFT를 둘러싼 움직임**

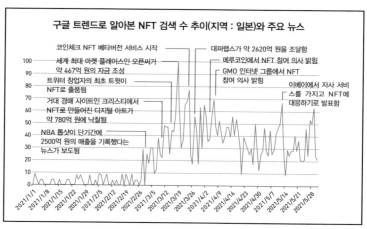

참조: 구글 트렌드 및 공개 데이터에 기반해 작성

NFT로 부의 패러다임을 바꾼 사람들

리그인 NBA와 제휴해서 선수들의 경기 사진이나 동영상을 NFT로 만들어 NBA 톱샷NBA Top Shot(p.158 참조)이라는 트레이딩 카드 게임을 2020년 10월에 출시한 것이다. 이 게임이 폭발적인 인기를 얻었고, 때마침 마켓 플레이스(거래소)에서 판매된 NBA 톱샷의 NFT 트레이딩 카드 매출 총액이 2억 달러(약 2400억 원)를 넘었다는 뉴스가 보도되면서 분위기는 더욱 고조되었다. 도입부에서 소개한 거액의 경매 소식 두 건까지 가세하자, 2021년 3월 이후에는 검색 수가 증가했을 뿐만 아니라 비즈니스 투자도 단숨에 활발해졌다. 2021년 9월을 기준으로 라인이나 메루카리Mercari(중고 거래 사이트), GMO 인터넷 그룹, 라쿠텐, 믹시mixi* 등 대형 인터넷 관련 기업이 NFT 거래소 사업에 참여하기 시작했다.

2020년 시점에서 NFT 시장은 세계적으로 약 4200억 원 규모에 지나지 않았다. 인터넷 관련 대기업이나 IP 사업자가 참여하기에는 시장이 너무 좁았다. 그러나 2021년 들어 시장이 급격하게 팽창했고 일본에서도 갑작스레 NFT 활용에 시선이 쏠리면서 대기업들이 본격적으로 참여하기 시작했다. 여기까지가 세계와 일본에서 드러나는 NFT 사업의 대략적인 상황이다.

★ 일본 SNS 운영사로 출발해 현재는 게임 및 영상 사업에 주력하고 있으며, RPG 게임인 몬스터 스트라이크로 유명하다.

NFT 사업은 지식재산권 사업 ─────

전 세계에서 NFT 비즈니스의 열기가 끓어오르고 있다. 그중에
서도 일본은 포켓몬과 유희왕 등 내로라하는 판권·지식재산권IP
·콘텐츠를 보유한 국가다. 이는 지금 각국의 NFT 사업자들이 일
본을 비롯한 전 세계 양질의 지식재산권에 주목하고 있다는 뜻이
기도 하다.

가령, 더샌드박스와 F1 델타타임F1 Delta Time으로 유명한 홍콩의
블록체인 게임회사인 애니모카 브랜즈Animoca Brands는 2021년에
들어서자마자 홍콩 산리오디지털을 매수했고, 대퍼랩스도 콘텐츠
를 확보하기 위해 발 빠르게 움직이고 있다.

이런 움직임을 가속하는 기폭제는 역시 누구나 아는 대박 콘텐
츠나 인기 아이돌이 NFT 사업에 참여하는 일일 것이다. 블록체인
게임 이용자 말고는 연일 인기몰이 중인 크립토키티의 존재조차
모르는 사람이 태반인 상황에서 기폭제가 제대로 구실을 하겠는
가. 단번에 물꼬를 터줄 장치는 단연 IP다. 이것을 활용하는 수단
이 바로 NFT며, 게임이나 트레이딩 카드와 같은 방식으로 용도를
변경하면 된다. IP 관련 기업은 물론이고 NFT 사업에 뛰어드는
사람이라면 모두 가치를 어디에 두고 어떻게 NFT를 설계할지, 그
상품이 진정 가치 있는지 근본적으로 살펴봐야 할 것이다.

NFT를 활용할 수 있는 영역은 매우 광범위하고 성장 가능성

또한 다분히 높다. 블록체인 게임은 게임의 가치를 바꾸고 있다. 조만간 게임은 단순한 놀이 수단이 아니라 아이템 등의 NFT를 판매해 수익을 창출하는 업무 수단으로 바뀔 것이다. 실제로 필리핀에는 온종일 액시 인피니티Axie Infinity★ 라는 게임에 참여해 현지 기준으로 꽤 큰돈을 벌어들인 플레이어도 있다. 이렇듯 게임을 삶을 영위하는 수단으로 삼는 사람까지 나타나고 있다.

NFT는 예술 작품을 유통하는 방식도 바꾸어놓을 것이다. 그 변화는 현실 작품을 재구성한 NFT와 디지털로 완결하는 NFT로 나눌 수 있다. 현실에서는 소유권 등의 증명서를 NFT로 바꾸면 유동성과 작품의 가치가 동반 상승할 것이다. 또 지금까지는 구매한 작품을 되팔아도 원작자에게는 한 푼도 돌아가지 않았으나, NFT의 추적 기능을 이용하면 되팔 때마다 원작자에게 수익금이 입금된다. 새로 시도되는 디지털 아트의 NFT는 추적 시스템을 적용하기가 훨씬 쉽다. 그런 만큼 놀랍도록 획기적이고 새로운 기술을 활용한 작품이 줄기차게 쏟아져 나올 것이다. 더불어 작품을 상장하거나 진위를 판별하는 감정사 역할을 대신할 서비스도 등장할 것이다.

메타버스에서 활용하는 NFT도 눈여겨볼 만하다. 게임이나 SNS만이 아니라 다양한 공간이 등장하면 그것을 NFT로 바꾸어

★ 2017년 베트남에서 개발된 펫 육성 게임으로, 토큰을 보상으로 받는다.

현실세계에서 부동산을 거래하듯이 경제활동을 펼칠 수 있을 것이다. 패션업계에서는 이미 아바타용 NFT 패션 개발에 착수했다.

스포츠나 미술 분야의 열성 팬을 겨냥한 마케팅에서는 트레이딩 카드나 현장에서 찍은 사진 이외에 특별한 VIP석을 차지할 수 있는 회원권도 NFT로 판매하게 될 것이다. 특히 스포츠는 게임과 시너지가 좋아서, 실제로 트레이딩 카드를 이용한 게임 개발에 착수한 일본 프로스포츠 팀도 있다. 또 생중계 티켓을 판매하는 문제도 NFT를 활용하면 해결될 것이다.

음악은 이제 다운로드 시스템으로 바뀌어 CD로 듣는 사람이 거의 없을 정도며, 정액제로 무제한 감상하는 정기구독 체제(서브스크립션)로 이행하는 추세다. 그 안에서 NFT를 보유한 사람만 듣도록 하거나 음악 사용료를 관리하는 등 다양한 활용법이 개발될 것이다.

또 많은 창작자가 크라우드 펀딩을 통해 자금을 조성하고 있는데, NFT와 연계하면 그 가능성도 커진다. 영화에도 NFT를 응용하면 작품에 참여하는 출연자를 모집해서 일회성으로 끝내지 않고 같은 감독의 차기 작품에 출연 우선권 등을 판매함으로써, 팬들과 중장기적인 커뮤니케이션이 가능해질 것이다.

이런 사례가 가까운 시일 내에 한꺼번에 터져 나올 것으로 보인다.

NFT 사업에는 고유한 권리를 증명(정확하게는 식별)할 수 있는

표4 **향후 성장 열쇠**

- 2021년에 들어서면서 NFT는 급속도로 주목받기 시작했지만, 대중성은 여전히 낮다.
- 성장을 위해서는 다음 세 가지 요소가 필요하다.

IP · 콘텐츠 소유자의 참여	UI/UX 디자인 개선	프로토콜 기술 혁신
게임업계를 중심으로 NFT를 활용해왔으나, 2021년 들어 디지털 아트와 스포츠, 음악 등 여러 업계에서 NFT에 발을 들였다. 일본에서도 대기업 또는 대중이 알 만한 아티스트가 참여한다는 소식이 들리고 있다.	NFT 거래 대부분에는 여러 서비스를 중개하는 복잡한 거래가 필요하므로, UI/UX에 개선의 여지가 보인다. 암호자산의 여명기에 거래소가 탄생했듯이, 많은 사람이 안심하고 간단히 사용할 수 있는 서비스가 등장하느냐가 앞으로의 성장 열쇠다.	NFT 대부분이 이더리움 네트워크에서 움직이므로 확장성 문제가 발생하고 있으나, 그 과제를 해결하기 위한 기술도 개발되고 있다.

NFT만의 자체 특성과 함께, 블록체인이 가진 특성을 활용할 수 있는 이점이 있다. 즉, 가치 자체를 부여하고 이전할 수 있는 데다, 복사나 위조를 방지하고, 이동 경로를 추적할 수 있다. 그러므로 이 사업에 뛰어들려는 사람은 이용자의 시점까지 고려하면서 '이 아이템을 NFT로 발행할 필요가 있을까'라는 의심을 내려놓지 않아야 성공할 수 있을 것이다. 잘 알지도 못하면서 무턱대고 NFT를 남발한다고 될 일이 절대로 아니다. 업계마다 매매 성향이나 해결해야 할 과제가 다르므로 저마다의 과제나 요구에 맞추어

접근해야 한다. 각 업계의 개별적 사례는 다음 장에서 충분히 다루도록 하겠다.

NFT 성장을 위한 제도 정비

NFT의 마켓 플레이스를 이용하는 사람은 출시된 상품이 어떤 내용인지, 또 제대로 만들어진 것인지 궁금할 것이다. 실제로 일부 마켓 플레이스에서는 누구나 자유로이 NFT를 발행할 수 있다는 점을 악용해서 인기 애니메이션의 캡처 화면을 복사하거나 기존에 NFT로 출시된 화면의 스크린숏을 찍어 마치 진품인 양 출품하는 악질적인 사례도 발생했다. 그런 부정을 막기 위해서는 저작권을 침해하지 않는지 면밀하게 검토해서 문제가 없는 NFT만 거래하도록 제도적 장치를 갖추어야 한다는 목소리가 높다.

세계적으로 암호자산의 가치가 최고점을 찍은 2018년에는 ICO Initial Coin Offering(암호자산 공개)*라는 자금 조성 방식이 유행했다. 아주 간단하게 설명하자면, 개발사에서 '이런 프로젝트를 진행할 계획이니 기축통화인 이더리움을 지급해주십시오. 그러면

★ 가상자산 개발사가 설립 초기에 코인을 투자자에게 직접 판매해서 투자자를 확보하는 방법

자사에서 발행하는 암호자산과 교환해드리겠습니다'와 같은 방식으로 블록체인 기술을 이용해 자금을 끌어모은 것이다. 이 방식이 제삼자의 검열을 거치지 않은 채 우후죽순 퍼졌고, 실제로 상당한 액수의 자금이 이동했다. 그런데 기업이 프로젝트에 실패하거나 수익만 챙기고 뜨는 경우가 빈번하게 발생했다. 결국, 금융감독기관에서 규칙을 마련하기에 이르렀고, IEOInitial Exchange Offering (신규 거래소 공개) 방식*을 채택하게 되었다. 지금은 권한이 있는 거래소에서 객관적으로 프로젝트를 검증받아야만 투자자금을 모을 수 있다.

현재 NFT는 일부 마켓 플레이스를 제외하면 ICO가 유행했던 암호자산 시기와 같은 상황에 놓여 있다. 누구나 발행할 수 있으므로 진주와 자갈돌이 어지러이 뒤섞여 있는 셈이다. 따라서 과열 양상을 보이거나 사기 행위가 빈번하게 발생하면 이용자를 보호하기 위해 암호자산 때처럼 법적 규제를 마련하고 이에 맞춘 시스템을 도입하게 될 것이다.

NFT 시장이 발전하기 위한 초기 단계에는 거래 대상이 많고 돈벌이가 된다는 식의 이미지메이킹이나 대중의 열광이 필요할지도 모른다. 그러나 기본적으로 양질의 상품이 온전히 유지되어야 하는 시장의 원리를 무시하면 절대로 발전하지 못한다. 더구나

★ 개발사에서 가상자산을 판매할 때 중앙거래소의 심사를 거치도록 했다.

이용자에게는 마켓 플레이스를 이용할 때의 편리성도 중요하다. 이용자가 해외 거래소를 통해 처음으로 NFT를 구매한다고 가정해보자. 우선 일본의 암호자산 거래소에 계좌를 개설한 후 엔화를 입금하고 이더리움으로 전환해놓는다. 이더리움 입출금 전용 디지털 지갑을 따로 만들고 거기서 해외 거래소에 접속하면 그제야 NFT를 구매하기 위한 준비가 끝난다(한국도 마찬가지다).

이렇게 복잡한 절차와 네트워크 수수료 및 변환 수수료라는 가스비 발생 문제는 세계적인 고민거리여서, 해결책을 마련하기 위해 다각도로 모색 중이다.

이렇듯 NFT는 기대와 우려를 한몸에 받으면서 급성장하고 있는 사업 분야다. 다만, 시장이 확장하는 속도가 너무도 빨라서 제대로 된 법률이나 규제, 규칙이 보조를 맞추지 못하고 있고, 현행법과도 맞물리지 못하는 실정이다. 일본에서 암호자산 거래에 관한 결제법을 개정하는 등 법률 부분이 뒷받침되기 시작한 게 겨우 수년 전이니 당연한 일이긴 하다.

잠시 일본의 NFT 관련 대응책을 설명하자면, 일본에는 암호자산 주요 거래소와 라인, 메루카리처럼 일본을 대표하는 네트워크 커뮤니티 기업, 증권사 등 금융기관, 일본 최고의 법률사무소와 감사법인까지 총 100여 곳이 회원으로 등록된 일본암호자산비즈니스협회라는 일반 사단법인이 있다. 그 중심에 있는 NFT부회가 2021년 4월에 'NFT 사업에 관한 가이드라인'을 발표했다. NFT

NFT로 부의 패러다임을 바꾼 사람들

표5 **NFT 성장을 위해 일본에서 추진 중인 대비책 ①**

- NFT 이용 범위가 넓어서 현재는 다양한 단체에서 규칙을 정비하기 위해 움직이고 있다.
- 향후 업계 단체끼리 연계하면서 환경을 정비할 전망이다.

일반 사단법인 일본암호 자산비즈니스협회[1]	블록체인 관련 단체[2]	일본 콘텐츠 블록체인 이니셔티브[3]
		Japan Contents Blockchain Initiative
암호자산 거래업자나 변호사 사무소, 블록체인 영역에 종사하는 기업 등 100여 개 회사가 소속된 협회에서, 비즈니스 현장의 NFT 이용을 촉진하고 고객을 보호할 목적으로 NFT의 법적 정의나 관련 법안을 정리해 NFT 비즈니스와 관련한 가이드라인을 공표했다.	지침 정비와 국내 사업자의 국제 경쟁력 강화를 위한 환경 정비를 주제로 논의하고자 일본블록체인협회, 블록체인추진협회, 블록체인콘텐츠협회 등 세 개 단체가 합동으로 설립한 NFT 분과위원회.	NFT를 통해 콘텐츠를 원활하게 유통하고 활성화하기 위해 콘텐츠 관련 기업과 관공서가 참여하는 저작권 유통협회에서 '콘텐츠를 대상으로 한 NFTContent-NFT 고찰'을 책정했다.

1 https://cryptocurrency-association.org/news/breakout/20210426-001/
2 https://jba-web.jp/news/20210518
3 https://www.japan-contents-blockchain-initiative.org/information/130-japancontents-blockchain-
 initiative-nft-content-nft-nft

의 법적 성질을 순서도 형식으로 설명한 이 가이드라인은 기업이 원활한 운영을 위해 고려해야 할 법적 사항들을 짚어주고 건전한 시장 환경을 형성하고자 40여 개 회사가 참여해 만들었다. 이 가이드라인에 따르면, NFT는 전용 규격인 ERT-721로 발행되었고, 유가증권이나 교통카드 같은 충전식 지불 수단이나 결제 수단이 아니며, 외환 거래의 일부도 아니다. 그래서 현재 상황에서는 일

표6 NFT 성장을 위해 일본에서 추진 중인 대비책 ②

NFT의 법적 정리[1]	NFT 비즈니스에 관한 가이드라인[2]
2019년 9월 금융청에서 공표한 가상통화 관련 사무 지침 개정안과 관련해 접수된 문의에 답변한 내용을 보면, NFT는 암호자산에 해당하지 않는다는 견해가 있으며 현 상황에서는 디지털 데이터 등의 무체물로 정리되어 있다. 한편 'NFT의 가상통화 해당성은 실상을 토대로 개별적이고 구체적으로 판단해야 할 문제'라는 해석도 실려 있어 NFT의 활용 방법에 주의해야 한다. 일본암호자산비즈니스협회는 NFT가 어디로 분류되는지, 또 어떤 관계 부처에서 담당하고 어떤 법률에 해당하는지를 명확히 하고 NFT 사업 참여를 늘리는 데 목표를 두고 있다.	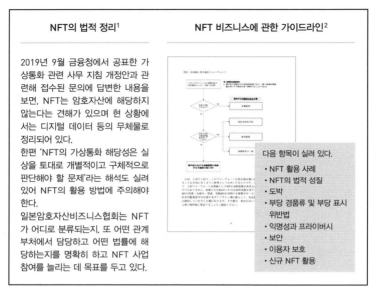 다음 항목이 실려 있다. • NFT 활용 사례 • NFT의 법적 성질 • 도박 • 부당 경품류 및 부당 표시 위반법 • 익명성과 프라이버시 • 보안 • 이용자 보호 • 신규 NFT 활용

1 https://www.fsa.go.jp/news/r1/virtualcurrency/20190903-1.pdf
2 https://cryptocurrency-association.org/news/breakout/20210426-001/

본 금융규제법에 저촉될 가능성이 거의 없다. 또, 가령 사업자 A와 B가 500원 가치밖에 안 되는 물건을 사기 목적으로 10억 원에 판매했다면 불법 자금세탁 행위에 해당한다. 가이드라인은 세계적으로 우려되는 이런 부정부패도 고려하게끔 주의를 환기해야 한다고 촉구한다.

다만, 사업자나 이용자의 참여를 유도하기 위해 지나친 규제는 자제해야 한다. 그렇기에 관계 부처보다 먼저 민간이 주도해서 세밀하게 규칙을 정하고 논리적인 합의를 통해 기존 법제를 조정해야 한다.

이 책에서 우리는 사업자의 이해를 도와 참여를 촉진하고 시장을 활성화해 선의의 경쟁을 유도하는 NFT가 세상에 나오기를 염원한다. 그리하여 이용자가 늘어나고 사업자가 많이 증가해 시장이 더욱 활성화되는 선순환을 기대한다. NFT 사업에 참여하려고 검토 중인 기업이나 NFT를 이용할 의향이 있는 사람에게 참고가 되기를 소망한다.

NFT 시장의 상황과
세계 주요 마켓 플레이스

2021년에는 세계적으로 다양한 마켓 플레이스가 존재했고 구매 방법도 제각기 달랐다. 코인체크에서는 자체 마켓 플레이스인 코인체크 NFT 베타버전을 론칭해 일본시장을 주도하고 있다. 이곳에서 NFT 사업을 담당하는 나카시마 유키가 시장 상황부터 NFT 거래 방법까지 설명한다.

나카시마 유키 ─────────────────────────── 中島裕貴

코인체크 신규 사업 개발부 NFT 사업 추진 책임자이자 코인체크 테크놀로
지 사업부 부장. 2012년 키엔스KEYENCE에 입사했고, 2017년 미국 샌프란시
스코에서 유학한 후 코인체크에 입사했다. 2018년 라인으로 이직해 암호
자산 및 블록체인 사업 기획과 마케팅을 담당하다가, 2020년 코인체크에
재입사했다. NFT 사업을 책임지며 프로젝트도 관리하고 있다.

한 해 가장 많이 거래된 NFT

2021년 들어 어마어마한 금액에 NFT가 거래되었다는 소식이 종종 보도되면서 NFT에 쏟아지는 관심이 거센 물결을 타고 전 세계로 퍼졌다. 미국 로이터통신은 2021년 상반기 NFT 거래량이 전년 같은 분기 대비 180배인 약 24억 7000만 달러(약 2조 9600억 원)까지 치솟았다고 보도했다(표1 참조).

시장이 점점 커지자, 여러 업계에서 NFT 관련 서비스를 줄줄이 내놓았다. 자연스레 NFT 자체도 쉬지 않고 발행되었고 시장에서 유통되는 NFT 수는 나날이 증가했다. 누구나 자유로이 NFT를 발행할 수 있다는 이점을 안고 수많은 기업과 개인은 당신이 책을 읽는 이 순간에도 새로운 NFT를 창출하며 도약을 시도하고 있을 터이다.

그렇다면 사상 초유의 성황을 누린 2021년 상반기에는 밤하늘

표1 2020~2021년에 발생한 NFT 거래량

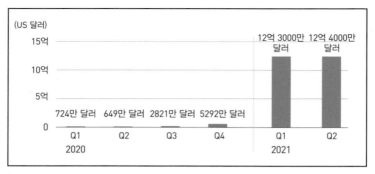

참조: https://jp.reuters.com/article/us-fintech-nft-data-idCAKCN2EB1I8

을 가득 채운 별빛의 수만큼 많은 NFT 중 어떤 NFT가 가장 영롱하게 빛났을까.

　다음 표에서 NFT의 주요 분야별 리스트를 살펴보고(표2), 각각 얼마나 거래되었는지 비교해보자(표3).

　가상자산 분석 사이트인 넌펀저블닷컴NonFungible.com에 따르면, 2021년 상반기에 가장 많이 거래된 NFT 분야는 컬렉터블이고, 그 뒤를 스포츠가 이었다(표3 참조).

　컬렉터블이 NFT에 불쏘시개 역할을 하긴 했으나, NFT의 대체 불가능한 특징이 만들어낸 희소성 때문에 자금이 모였다는 의견이 많다. 얼핏 단순한 점들을 조합해서 완성한 디지털 데이터처럼 보여도 그림의 희소성 때문에 미래에 가치가 폭등하리라는 기대감이 부풀었다. 그래서 더욱 많은 NFT를 수집하려는 사람이 급증

표2 **NFT 주요 분야별 서비스 내용**

분야	내용 및 주요 서비스
컬렉터블	주로 소유와 수집이 목적이며 희소성에 가치를 둔 NFT(예: 크립토펑크, 해시마스크, 지루한원숭이요트클럽BAYC)
스포츠	운동선수 또는 실제 경기 장면을 담아서 스포츠의 새로운 재미를 제공하는 NFT(예: 소레어, F1 델타타임)
미술	아티스트가 창작하는 디지털 아트 NFT(예: 라리블, 슈퍼레어, 비플)
게임	블록체인 게임과 같은 게임 안에서 이용할 수 있는 아이템이나 캐릭터를 NFT로 발행한 것(예: 크립토스펠, 마이 크립토 히어로)
메타버스	가상공간 안에서 토지나 건물, 아이템을 NFT로 바꾼 것(예: 더샌드박스, 크립토복셀, 디센트럴랜드)
그 외	위에 해당하지 않는 분야. 보험이나 도메인 등 다양한 대체 서비스를 제공하는 NFT도 포함(예: 인슈어 NFTyinsure NFT, 이더리움 네임 서비스)

했으며, 수억 원에 이르는 가격으로 거래되기까지 했다.

　스포츠는 희소성뿐만 아니라 열성적인 스포츠 마니아의 소유욕을 자극해서 거대한 규모의 자금을 끌어낼 수 있었다는 추론이 지배적이다. 인기 있는 축구선수나 농구선수 등의 NFT는 수억 원에도 거래된다. 팬데믹의 여파로 관중 없는 시합이 늘어나는 바람에, 스포츠를 직접 관람하지 못하는 팬들의 관심이 NFT로 향했는지도 모른다.

표3 **NFT 분야별 거래 건수 비교(2021년 1~6월)**

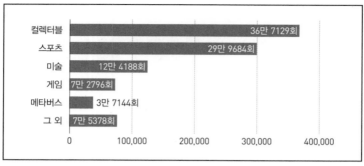

참조: NonFungible.com (https://nonfungible.com/)

주요 마켓 플레이스 9선 ────────

　NFT가 세계적으로 유행하자, 관련 서비스가 많아지면서 NFT를 거래할 수 있는 마켓 플레이스도 급증했다. 유수의 대기업들도 앞다투어 참여하겠다고 발표하고 있다.

　무수히 난입하는 마켓 플레이스는 특징이나 구조도 제각각이고, 거래할 수 있는 NFT 종류도 다르다. 개인의 목적이나 중요하게 여기는 가치 등을 따져서 본인에게 적합한 마켓 플레이스를 선정하는 것이 중요하다. 그중 마켓 플레이스 아홉 곳을 골라 각각의 특징과 어떤 사람에게 어울리는지 간략히 설명한다. 이 외에도 다양한 국내외 사이트가 있으니 참고하자.

오픈씨OpenSea (https://opensea.io)

오픈씨는 전 세계에서 가장 많이 이용하는 최대 마켓 플레이스다. 미술, 스포츠, 게임 등 다양한 분야의 NFT를 다루며 이용자가 자유로이 NFT를 발행할 수 있는 기능도 탑재하고 있어 진입 장벽이 낮다. 이용하기 위해 메타마스크 등 전용 지갑을 준비해두어야 한다.

<u>추천 대상</u> • NFT를 시작하는 사람

• 직접 NFT를 발행해보고 싶은 사람

라리블Rarible (https://rarible.com)

라리블은 미술 관련 NFT를 중점적으로 거래하는 마켓 플레이스다. NFT 발행 기능을 탑재하고 있어 직접 만든 디지털 아트 NFT를 출품할 수도 있다. 또 라리RARI라는 토큰도 발행해서 이용자에게 보상 개념으로 배포하는 등 토큰과 NFT를 연계해 재미요소를 갖추었다. 이용하려면 메타마스크 등 전용 지갑을 준비해야 한다.

<u>추천 대상</u> • 디지털 아트에 관심 있는 사람

• 자신의 미술 작품을 NFT로 판매하고 싶은 사람

파운데이션Foundation (https://foundation.app)

파운데이션 역시 미술 관련 NFT를 주로 다루는 마켓 플레이스다. 여기서도 자신의 미술 작품을 출품할 수 있지만, NFT 창작자 등록과 사전심사제를 채택하고 있는 점이 라리블과 다르다. 커뮤니티에서 투표를 통해 선정된 작가만 NFT를 판매할 수 있어, 출품된 작품들이 신뢰할 만한 수준을 유지한다. 이용하려면 메타마스크 등 전용 지갑을 준비해야 한다.

바이낸스 Binance NFT (https://www.binance.com)

세계 최대의 암호자산 거래소인 바이낸스가 2021년에 출시한 마켓 플레이스다. 바이낸스 이용자라면 누구나 거래할 수 있으며, 바이낸스에서 구매한 암호자산(이더리움ETH, 바이낸스코인BNB, 바이낸스USDBUSD)으로 결제할 수 있다. 현재는 바이낸스와 파트너십을 맺은 창작자만 NFT를 판매할 수 있다. 이용하려면 바이낸스에 계좌를 등록해야 한다. 기존에는 언어로 한국어를 선택할 수 있었으나, 한국에서 가상화폐 거래소를 규제하기 위한 특별법이 제정된 뒤로 2021년 8월부터 한국어 서비스를 지원하지 않는다.

추천 대상 • 바이낸스 암호자산 거래소를 이미 이용 중인 사람
• 바이낸스 NFT로만 구매할 수 있는 미술 작품에 관심 있는 사람

바이브VIV3 (https://viv3.com)

바이브는 플로우라는 블록체인 기반의 마켓 플레이스다. 플로

우는 고액 거래로 화제를 모은 NBA 톱샷에서도 채택한 블록체인으로, 업계에서 주목을 받고 있다. 바이브에서는 암호자산인 플로우로 결제할 수 있다. NFT를 발행하거나 교환할 때 이더리움처럼 네트워크 수수료(가스비)를 내지 않아도 되는 것이 큰 장점이다. 현재는 미술 관련 NFT를 주로 거래하지만, 향후에는 다양한 장르로 확장하리라는 기대가 높다.

추천 대상
- 이더리움에 지급해야 하는 가스비 때문에 고민인 사람
- 플로우의 프로젝트에 기대를 거는 사람

아토믹 마켓Atomic Market (https://wax.atomicmarket.io)

아토믹 마켓은 왁스WAX라는 블록체인을 기반으로 한다. 아토믹 허브Atomic Hub나 NFT 하이브Hive 등 다수의 마켓 플레이스로 구성되며, 암호자산인 왁스로 결제할 수 있다. 스트리트 파이터나 고질라 등의 NFT도 있어 인기가 높다. 이용하려면 왁스 크라우드 지갑을 준비해야 한다.

추천 대상
- 스트리트 파이터나 고질라 등의 NFT에 관심 있는 사람
- 왁스 프로젝트를 기대하는 사람

밈miime (https://miime.io/ja/)

밈은 세계 최초로 일본 엔화를 결제에 도입한 마켓 플레이스다. 블록체인 게임 관련 NFT 말고도 미술이나 스포츠 관련 NFT

도 취급한다. 일본에서 만든 마켓 플레이스이기 때문에 일본어 혹은 영어로 이용 가능하다. 이용하려면 메타마스크 등 전용 지갑을 준비해야 한다.

추천 대상　• 이제 막 NFT를 시작하려는 사람
　　　　　• 암호자산이 아니라 일본 엔화로 결제하고 싶은 사람

나나쿠사nanakusa (https://nanakusa.io)

2021년 4월 26일에 출시한 나나쿠사는 일본에서 최초로 크립토 아티스트 등록제를 적용한 마켓 플레이스다. 심사에서 통과한 아티스트나 파트너 사업자로만 창작자를 제한하고 있어, 수준 높은 NFT 작품을 구매할 수 있다. 이더리움은 물론 폴리곤Polygon이나 신용카드로도 결제할 수 있다. 폴리곤 네트워크로 전환하면 이더리움에서 해결하지 못한 가스비를 대거 절약할 수 있다. 이용하려면 메타마스크를 준비해야 한다. 한국어 홈페이지도 이용 가능하다.

추천 대상　• 양질의 아트 관련 NFT를 발굴하고 싶은 사람
　　　　　• 암호자산 외에 일본 엔화로 결제하고 싶은 사람

코인체크 NFT 베타버전 (https://coincheck.com/ja/nft)

코인체크 NFT 베타버전은 암호자산 거래 서비스인 코인체크가 자체적으로 만든 마켓 플레이스로, 일본에서 처음 생겼다. 가

장 큰 특징은 코인체크 계좌에 맡긴 암호자산을 그대로 NFT 결제에 이용할 수 있다는 점이다. 코인체크에 상장한 14종류의 암호자산으로 결제하면 된다. NFT를 출품하거나 구매할 때 가스비가 들지 않으므로 처음 이용하는 사람도 쉽게 거래할 수 있도록 설계되었다. 게임이나 스포츠, 메타버스 등 다양한 분야의 NFT를 취급한다. 이용하려면 코인체크 계좌를 개설해야 한다.

추천 대상　• 이제 막 NFT를 시작하려는 사람

　　　　　• 코인체크를 이미 이용 중인 사람

　　　　　• 가스비를 걱정하지 않고 매매하고 싶은 사람

NFT 사고팔기

주요 마켓 플레이스의 특징을 알아보았으니, 이제 거래에 참여해보자. 여기서는 세계 최대 마켓 플레이스인 오픈씨와 일본 암호자산거래소에 병설된 코인체크 NFT 베타버전에서 거래하는 방식을 각각 설명하겠다.

오픈씨에서 NFT 거래하기

오픈씨에서는 미술이나 게임, 스포츠, 음악 등 다양한 분야의 NFT를 거래할 수 있다. 이용하려면 NFT나 암호자산을 보관하는 지갑인 메타마스크가 필요하다(2022년 5월 기준으로 메타마스크 이외에 코인베이스 월렛 등 총 15종의 지갑을 사용할 수 있다).

NFT 구매 절차

① 메타마스크를 설치한다(https://metamask.io/).
구글 크롬의 확장 기능을 이용하면 편리하다.

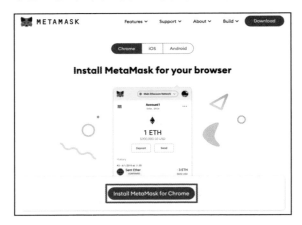

② 메타마스크와 연동해서 로그인한다.

③ 사고 싶은 NFT를 검색한다.

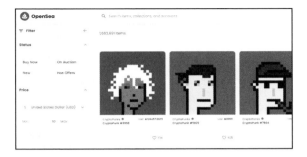

④ 마음에 드는 NFT를 고르고 나서 '지금 구매Buy now'를 클릭
→ 결제 버튼을 클릭해서 구매한다.

⑤ 구매한 NFT가 지갑에 들어 있는지 확인한다.

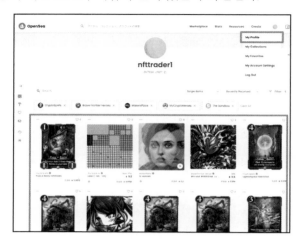

주의할 점

○ NFT를 구매할 때는 이더리움이 필요하므로 사전에 업비트 등의 암호화
폐 거래소에서 계정을 만든 다음 이더리움을 사두길 바란다.
(메타마스크 지갑 주소 복사 → 업비트 등 거래소의 '이더리움' 화면에 접속 → 지갑 주
소와 수량 입력 → 메타마스크 지갑으로 이더리움 송금 완료)

○ NFT 구매와 별도로 이더리움의 네트워크 수수료(가스비)가 필요하다
(NFT 가격의 최대 10퍼센트).

NFT로 부의 패러다임을 바꾼 사람들

NFT 판매 절차

① 마이 프로필에서 출품하고 싶은 NFT를 선택한다.

② 판매 버튼을 클릭한다.

③ 판매 방식을 선택한다.

- 고정가격Set Price : 입력한 금액이 그대로 노출된다.
- 최고가 입찰Highest Bid : 오프라인에서 진행하는 일반 경매 방식과 같다.
- 묶음Bundle : 두 개 이상의 NFT를 묶어서 판매할 수 있다.

④ 입찰가격을 입력한 후 상품 등록Post your listing 버튼을 눌러서 완료한다.

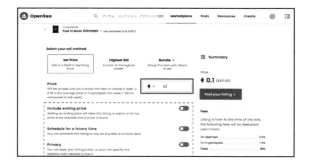

NFT로 부의 패러다임을 바꾼 사람들

그 밖에 설정 가능한 항목

o 종료가격 설정Include ending price : 설정한 기간 내에서 시간이 지날수록 판
매가격이 내려가면 최초에 입찰한 사람이 구매할 수 있는 판매 방식(네
덜란드식 경매)

o 판매 시작 시점 설정Schedule for a future time : 판매 기간을 설정한다. 기간이
종료되면 자동으로 판매가 취소된다.

o 비공개Privacy : 특정 이용자한테만 판매할 수 있는 비공개 판매 방식

⑤ 메타마스크 화면에 뜨는 가스비를 지불한다.

코인체크 NFT 베타버전에서 NFT 거래하기

코인체크 NFT 베타버전은 일본 암호자산 거래 서비스 기업인 코인체크에서 만든 마켓 플레이스다. 이 서비스의 큰 특징은 코인체크 계좌에 보관하고 있는 암호자산을 그대로 NFT 결제에 이용할 수 있다는 점이다(2022년 5월 기준으로 이더리움을 포함한 16종류의 암호자산을 이용할 수 있다). 또 이더리움의 네트워크 수수료(가스비)가 들지 않는 거래 방식을 채택하고 있어, NFT를 처음으로 거래해보고 싶은 사람에게도 추천할 만한 서비스다. 일본인이 아닌 사람도 코인체크 계정을 생성할 수 있지만, NFT 거래는 베타서비스 중이어서 현재 일본어 페이지만 이용할 수 있다는 점을 참고하자.

NFT 구매 절차

① 코인체크 사이트로 들어가 회원 가입 후 계좌를 만든다.

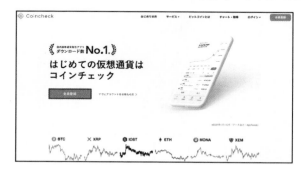

② 계좌 개설이 끝나면 코인체크 NFT 베타버전을 선택한다.

③ 구매하고 싶은 NFT를 고르고 나서 구매 확인 후 구매 버튼을 누른다.

주의할 점

○ 코인체크 계좌에 암호자산 잔액이 부족하면 NFT를 구매하지 못한다.

NFT 판매 절차

① 오른쪽 상단에 있는 마이 페이지로 들어가 판매하고자 하는 NFT를 클릭한다.

② 판매 버튼을 누르면 판매 편집 페이지로 들어간다.

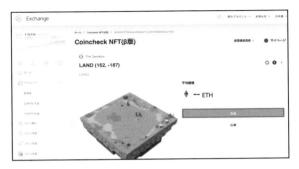

③ 거래 가능한 통화, 판매가격을 입력한 후 출품 버튼을 누르
면 판매가 완료된다.

주의할 점

○ 메타마스크에 들어 있는 NFT를 출품할 경우에는 NFT를 메타마스크에
서 코인체크로 옮기는 과정이 추가로 필요하다(마이 페이지를 클릭하면 옮길
수 있다).

NFT의 체험 가치

NFT 시장은 아직 여명기일 뿐이다. 전 세계에서 내로라하는 기업들이 NFT 사업에 뛰어들겠다고 선언하고 있지만, 사실 기업마다 시행착오를 거듭하며 진행하는 상황이다. 그런 와중에도 우리는 NFT가 목적이 아닌 수단이라는 점을 수시로 깨닫는다. 대중매체에서 단골손님처럼 다루는 거액 매매 소식을 듣다 보면, 아무래도 가격 폭등을 기대하는 투기성 매매나 NFT 판매가 목적이 될 수밖에 없다. 혹시 NFT를 발행하려고 계획 중이라면, NFT를 통해 어떤 체험 가치를 제공할 수 있는지에 초점을 맞춘 다음 이 책에서 소개하는 NFT 사례를 참고하며 기획하고 설계해도 좋을 것이다.

또한 NFT를 구매하려고 검토 중이라면, 점찍어둔 NFT에는 어떤 성질이 담겨 있고, 창작자가 어떤 의도로 만들었으며, 미래에 어떤 상황에서 그 작품이 가치를 발휘할지 등을 꼼꼼하게 따져보자. 그러면 NFT의 매력을 더욱 깊이 느낄 수 있을 것이다.

NFT의 진정한 매력은 NFT를 보유한 다음에야 비로소 알아차리기도 하므로, 우선 이번 장에서 소개한 마켓 플레이스를 이용해 NFT를 구매해보면서 NFT의 세계에 한 걸음 더 바짝 다가서보자.

3

NFT와 미술

NFT와
미술이 만들어내는
시장의 혁신

NFT에서 가장 화제의 중심에 선 분야는 미술이다. 디지털 아트도 가치를 증명할 수 있게 되면서 다양한 작품이 관심을 받고 있다. 이런 흐름과 현 상황을 미술 작품 전문 마켓 플레이스인 나나쿠사를 운영하는 SBINFT의 고장덕이 설명한다(기존에는 기업 이름이 스마트어플리였으나, 2021년 9월 SBI홀딩스의 자회사로 편입되면서 사명이 바뀌었다).

고장덕 ──────────────────────────────── 高長德

인터넷 관련 컨설팅 회사에 재직하다가 GMO미디어, 야후재팬, 드리콤DRECOM, 모브캐스트홀딩스MOBCAST에서 게임 플랫폼 사업을 총괄했다. 2018년에 스마트폰 앱으로 GO! WALLET 사업을 시작하면서 본격적으로 블록체인 사업에 뛰어들었다. 2020년에 NFT 발행 및 결제 플랫폼 서비스인 고베이스Go BASE를, 2021년에는 통합형 마켓 플레이스인 나나쿠사를 출시했다.

세계가 열광한 NFT 아트

앞에서 여러 번 언급했지만, NFT란 Non-Fungible Token의 머리글자를 따서 만든 단어로, 대체 불가능하기에 세상에서 단 하나뿐인 가치를 지닌 토큰이다. 여기서 토큰은 블록체인 기술을 이용해 발행한 디지털 데이터(암호자산)를 가리킨다. 따라서 NFT 아트라고 하면 대체 불가능하고 고유한 블록체인 기반의 디지털 작품을 뜻한다.

현재 NFT 아트가 세계적인 관심을 한 몸에 받고 있는데, 2021년은 그런 NFT 시장의 서막을 연 해로 기록될 것이다. NFT 아트가 붐을 일으키게 된 최초의 계기는 크립토펑크라는 NFT 아트 프로젝트다. 미국의 소프트웨어사 라바랩스Larva Labs에서 2017년 6월에 서비스를 시작한 이 크립토펑크에는 세계 최초의 NFT 아트라는 수식어가 붙는다. 사람, 외계인, 좀비, 유인원을 모티브로 한 가

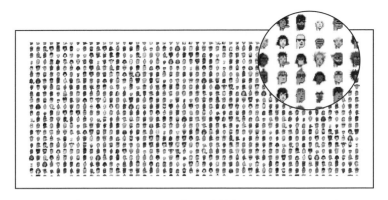

출처: 크립토펑크봇

로세로 24픽셀*의 매우 단순한 얼굴 조합은 인공지능 알고리즘이 랜덤으로 만들어낸 1만 개의 제너러티브 아트Generative Art(컴퓨터가 무작위로 만들어내는 예술)라는 점이 특징이다. 이 크립토펑크의 캐

★ 24픽셀은 디지털 이미지를 구성하는 최소 단위다.

VISA **VisaNews** ✔
       @VisaNews   ...

Over the last 60 years, Visa has built a collection of
historic commerce artifacts - from early paper credit
cards to the zip-zap machine. Today, as we enter a new
era of NFT-commerce, Visa welcomes CryptoPunk
#7610 to our collection.

ツイートを翻訳

CryptoPunks: Details for Punk #7610
CryptoPunks are 10,000 collectible characters on the
Ethereum blockchain. These are the details for Punk #7610
🔗 larvalabs.com

午後7:00 · 2021年8月23日 · Sprinklr

출처: VISA 공식 트위터 계정

릭터 중 하나가 2021년 6월 약 1180만 달러(약 141억 원)에 거래
되면서 세상에 충격을 안겼다. 같은 해 8월에는 거대 결제 사업자
인 VISA에서 NFT를 구매해 큰 화제를 모으기도 했다.

이에 바통을 이어받은 프로젝트가 해시마스크다. 전 세계 70명
이상의 크리에이터가 8개월에 걸쳐 1만 6384개의 얼굴에 개성
을 입힌 미술 작품인데, 2021년 1월 28일에 개시한 이 얼굴들의
NFT 카드가 단 5일 만에 매진되어 일약 유명해진 프로젝트다. 공
동창업자 중 한 명은 블록체인 전문 매체인 《코인데스크》와 가진
인터뷰에서, 마스크에 대한 영감을 1980년대 뉴욕에서 명성을 떨

친 서양화가 장 미쉘 바스키아Jean Michel Basquiat(1960~88)에게서 얻었다고 밝혔다.

해시마스크는 다섯 가지 특징을 조합해 하나의 캐릭터 아트로

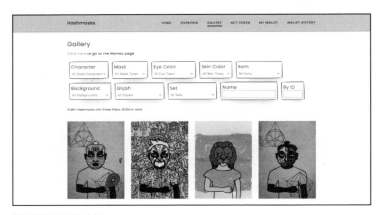

출처: 해시마스크 공식 사이트

출처: 세계적인 NFT 컬렉터 대니danny의 트위터

NFT로 부의 패러다임을 바꾼 사람들

완성된다. 가장 큰 특징은 카드 보유자에게 매일 10NCT Name Changing Token를 지급한다는 점인데, 1830NCT를 내면 카드 이름을 변경할 수 있다. 이렇게 사용된 NCT는 소멸하므로, 해시마스크의 이름이 바뀔 때마다 NCT 가치도 상승한다.

또한 가장 인기 있는 해시마스크 캐릭터가 2021년 1월에 약 6억 9000만 원에 거래되어 화제가 되기도 했다.

투자자를 유혹하는 희소가치

디지털 아트이자 캐릭터 아트인 크립토펑크와 해시마스크에는 공통점이 한 가지 더 있다. NFT 가치를 창출하는 데 중요한 요소인 희소성이다. 크립토펑크와 해시마스크는 각각 예술성을 띠고 또 제너러티브 아트이므로, 그중에는 독특한 디자인도 들어 있다. 이 점이 바로 NFT만의 특별함이며, 그 독특한 디자인을 누가 소유했고 또 발행했는지를 블록체인 기술로 추적이 가능해(트레이서빌리티 Traceability) 높은 희소가치까지 증명할 수 있다. 물론 비트코인을 대량으로 보유해 이른바 '고래 whale'라 불리는 사람들의 자산을 소비하는 방식이나 광고 활동도 무시할 수는 없으나, 여기에 NFT만의 예술적 가치가 한몫했다는 점도 고려해야 한다.

이렇듯 2021년에는 초기부터 일관되게 무조건 희소성이 높은

NFT 작품을 구매하는 데 혈안이 된 투자자가 대거 등장했다. 그 투자자들이 작품을 구매한 공간인 아트 계열 전문 마켓 플레이스 두 곳을 소개한다.

NFT를 선도하는 오픈씨, 그리고 라리블 ──────

오픈씨는 뉴욕을 거점으로 하는 세계에서 가장 큰 마켓 플레이스다. 2017년에 창업하고 2018년 1월부터 서비스를 시작한 오픈씨는 이용의 편리성과 쉬운 설명이 인정을 받아 NFT를 처음 시작하는 입문자들의 등용문으로 자리매김했다. 이곳에서는 게임 아이템이나 디지털 아트, 수집 아이템, 이벤트 티켓, 도메인, 메타버스 속 토지와 의류 등 다양한 분야의 NFT를 다룬다. 2021년 7월에는 월간 판매금액이 약 3100억 원을 기록했고 그 기세를 몰아 8월에는 4조 6000억 원을 달성했다.

2019년에 아트 전문 마켓 플레이스로 서비스를 시작한 라리블은 '전 세계 사람들이 디지털 아이템을 만들고 수익을 올리는 세상'을 비전으로 내걸었다. 지금은 게임 아이템과 도메인, 메타버스 속 토지도 다룬다. 이용자 수 2만 2000명, 월간 판매금액 약 188억 원을 기록한 오픈형 마켓 플레이스며, 인지도도 높다.

라리블의 큰 특징은 조직의 투명성을 중시한다는 점이다. 라리

표1 **오픈씨의 이용자 수와 판매금액**

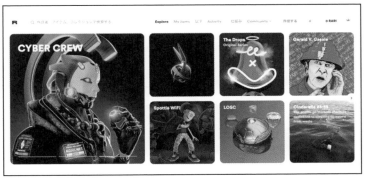

출처: 라리블

블 다오DAO, Decentralized Autonomous Organization(탈중앙화 자율형 조직)를 장려해 커뮤니티와 함께 운영하는 방침을 내세우고 있는데, 자사 화폐인 라리 토큰을 보유하면 투표권을 획득하고 커뮤니티 운영에 공헌할 수 있는 구조를 통해 뿌리 깊은 지지층을 확보하고 있다.

마켓 플레이스뿐 아니라 다른 기업보다 발 빠르게 토큰을 발행

표2 라리블의 이용자 수와 판매금액

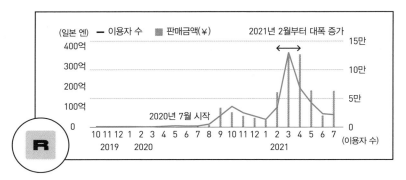

해 커뮤니티 운영에 적용한 점을 인정받아 다른 마켓 플레이스들이 표본으로 삼을 확률이 높다. 실제로 같은 아트 전문 마켓 플레이스인 슈퍼레어SuperRare 등도 토큰을 발행하겠다고 밝혔다.

이렇듯 오픈씨와 라리블 같은 NFT 마켓 플레이스는 독자적인 비전을 세우고 수정과 보완을 거듭하고 있으며, 앞으로도 틀림없이 성장할 것이다.

그 외 아트 계열 마켓 플레이스

일본에서는 2021년 3월에 출시한 코인체크 NFT, 나나쿠사, NFT 스튜디오를 필두로 다양한 기업에서 NFT 아트 시장에 참가한다고 발표했다. 여기서는 나나쿠사에 관해 자세히 설명하겠다.

나나쿠사는 개인이 NFT를 발행 및 판매하고 2차 유통까지 할 수 있는 일본 최초의 통합형 마켓 플레이스로, 주로 창작자와 파트너의 두 부문으로 나누어 사업을 전개한다. 창작자로서 NFT를 발행하거나 판매하고 싶으면 공식적으로 아티스트라고 인정을 받아야 한다. 2021년 8월 기준으로 약 150명의 공인 아티스트가 나나쿠사에서 NFT를 발행하고 판매했다. 나나쿠사에서 추구하는 비전 중에는 공인 아티스트와 함께 성장하겠다는 내용이 있는데, 그에 따라 나나쿠사는 창작자나 이용자의 편리를 도모하기 위해 UI/UX를 향상하겠다고 약속했고 실제로 아래와 같은 기능을 도입했다.

- 폭등하는 이더리움의 가스비 대책으로 다른 가상화폐 폴리곤(MATIC) 채택
- 1차 유통 판매를 위해 신용카드 결제 기능 도입
- NFT를 소유한 사람만 볼 수 있는 관람 권한 기능
- 창작자의 협업을 장려하는 저작권 수입 분배 기능
- 창작자의 편리한 세금 신고를 돕기 위해 Gtax 도입

이러한 기능들 덕분에 아티스트는 훨씬 나은 환경에서 작품 활동을 할 수 있게 되었다. 그 밖에도 메타버스에서 갤러리를 전개하거나 커뮤니티를 활성화하는 등, 창작자나 사업자가 더욱더 나

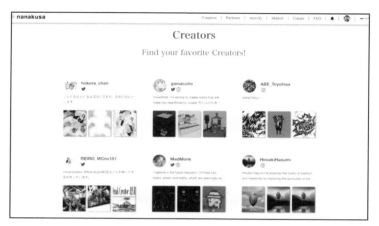

출처: 나나쿠사

은 콘텐츠를 가지고 세계로 뻗어 나갈 수 있는 환경을 만드는 데
힘을 쏟고 있다.

NFT 아트 이벤트의 열기

NFT 아트 축제인 '크립토 아트 위크 아시아Crypto Art Week Asia,
CAWA'가 2021년 7월 9일부터 17일까지 열렸다. CAWA에는 서울,
도쿄, 싱가포르 등 아시아 5개국 6개 도시가 참여해 NFT 아트를
주제로 현장 및 가상 전시회와 세미나를 열었는데, 앞서 소개한
나나쿠사는 주요 스폰서 자격으로 참여했다. 한국에서는 축제의

2021년 7월에 열려 화제를 모은 '크립토 아트 위크 아시아'

연장선으로 19일부터 21일까지 '크립토 아트 위크 아시아-메타 서울'이라는 제목으로 온라인 NFT 콘퍼런스도 개최했다. 이 콘퍼런스는 논스클래식과 한다오HanDAO가 공동으로 주최했으며, 아트 센터 나비의 노소영 관장과 한국 최초로 NFT 작품을 판매한 작가인 미상Mr. Misang 등이 연사로 참여했다.

CAWA는 2021년에 두 번째를 맞은 아시아의 NFT 축제로 총 300명 이상의 크리에이터가 참가했으며, 한국에서는 조수진, 윤서희, 요마혼yomahon 등 여러 아티스트가 작품을 올렸다. 물질적 아트와 NFT 아트의 융합을 꾀한 도쿄 회장에는 현대미술가와 크립토 아티스트, 복셀 아티스트 등 다양한 방면의 창작자들이 참가했다. 이벤트 기간에는 NHK 방송국에서 취재하는 등 미디어를 통한 홍보 효과로 총 2118명이 회장을 방문해 주목을 받았다.

지금까지 가상공간 안에만 존재하던 NFT가 눈앞에 현실로 나타나 실재감을 느꼈다는 관람객이 많았으며, 동시에 가상세계로 확장되는 경험을 통해 미래의 가능성을 보았다는 소감도 남겨주었다.

NFT 아트의 법적 규제를 위한 노력

지금까지 NFT 아트에 관해 설명했는데, 이렇듯 시장이 열기를 띠는 만큼 해결해야 할 과제도 드러났다.

NFT는 현재 미술뿐 아니라 다양한 분야에서 급속도로 확장하고 있다. 이에 반해 NFT 소유권을 확보하거나 거래할 때 지켜야 할 법률을 마련하는 문제는 여전히 답보 상태다. 특히 소유권 문제와 관련해서 NFT 등의 디지털 데이터, 즉 무형자산이 일본 법률의 적용 대상에서 제외되고 있는 게 현실이다. 이 문제의 해결책을 마련하기 위해 세계적으로도 활발히 논의되고 있다.

일본 도쿄에 있는 스타트반Startbahn은 이런 현실적 문제에 적극적으로 뛰어들어 대안을 제시하는 기업 중 한 곳이다. 스타트반에서는 '전 세계 예술가와 예술 관련 일에 종사하는 모든 사람에게 필요한 시스템을 제공하고 더욱 풍요로운 세상을 실현한다'는 사명을 가지고, 작품에 IC칩이 붙은 블록체인 증명서를 발행하는 스

블록체인으로 작품의 증명서를 발행하는 기술이 바로 스타트반 서트다.

타트반 서트Startbahn Cert, 블록체인을 활용한 작품을 유통 및 평가하는 데 필요한 네트워크 서비스인 스타트레일Startrail을 제공한다.

스타트반 서트는 작품의 정보나 이력을 꾸준히 갱신하고 보존하는 블록체인 증명서 프로젝트다. 기록된 정보를 사용자가 웹이나 스마트폰에서 활용하기 쉬운 UI로 변환해서, 서트Cert.라는 IC 태그가 부착된 블록체인 증명서 형태로 제공하고 있다. 그리고 스타트레일에 기록된 정보를 활용해서 심사를 통과하면 누구나 손쉽게 작품을 관리할 수 있는 구조다. 즉, 이더리움의 ERC-721에 기반한 스타트레일 레지스트리 레코드Startrail Registry Record, SRR에 미술 작품의 정보를 기록하는 것이다. 또 블록체인을 통과할 때 인증에 필요한 암호키는 토러스사Torus의 기술을 활용하고 있어, 사용자가 구글 및 페이스북 계정으로 간단하게 인증을 완료할 수 있도록 배려했다.

현대미술가인 이케다 료지가 이 시스템을 활용해서 2021년 6월 세계적인 아트 경매 사이트인 소더비Sotheby's에 〈10,000,086 자릿수를 가진 싱글 넘버A Single Number That Has 10,000,086 Digits〉를 출품했다. 블록체인 기술을 매개로 영역의 한계를 초월한 행보다.

NFT 아트가 나아갈 길

NFT 업계로서는 질풍노도 시기의 서막을 올린 2021년, 그로부터 8개월이 지난 시점에 본 원고를 집필했다. NFT와 관련된 굵직한 뉴스가 거의 매일 쏟아졌고, 일본의 앤디 워홀이라 불리는 무라카미 다카시, 세계적인 미술가 쿠사마 야요이가 본인들의 작품을 NFT로 출시해 대중의 눈길을 사로잡았다. 앞으로도 유명한 아티스트들의 참가가 이어질 것으로 예상한다.

이와 관련해 현대미술 수집가와 NFT 아트 수집가가 어떻게 공존하고 새로운 가치를 창출할 것인지도 눈여겨볼 만하다. 또 NFT는 미술뿐 아니라 게임이나 이벤트 티켓과 같은 용도로도 주로 활용될 것이다. 메타버스, 토큰 이코노미 등의 해시태그가 여러 분야로 침투해 속도를 점점 높일 것이며, NFT 시장은 더욱 빠르게 확장세를 보일 것이다.

오늘날 사람들 대부분이 스마트폰을 지니고 다니고 SNS가 생활 속으로 파고들었듯이, 웹 3.0 시대의 과학기술에 걸맞게 NFT가 대중의 삶 속으로 녹아들 날이 머지않았다. 어떤 식으로 개념을 흡수하고 가상세계의 경계를 넘나들며 융합하는가가 승패를 좌우할 것이다. 그렇기에 NFT 관련 사업은 아직 서막에 불과하다.

4

현실과 가상의 공존,
NFT와 메타버스가
창조할 미래

업계에서도 어지러이 뒤섞여 사용되는 개념인 메타버스가 앞으로 어떤 방향으로 흘러갈까. NFT와 메타버스의 현재, 그리고 가능성에 대해 가상상점거리 코나타를 운영하는 비욘드콘셉트의 대표 후쿠나가 쇼지가 설명한다.

후쿠나가 쇼지 ——————————————————— 福永尚爾

비욘드콘셉트 대표. 모바일 게임회사 그라니Grani에서 최고기술경영자와 기술부 부사장을 지내며 수백만 명 규모의 온라인 게임을 여럿 배출했다. 사업을 매각한 후에는 NFT와 메타버스의 가능성을 눈여겨보고 NFT 기반의 메타버스인 코나타를 개발해 운영 중이다. 메타버스 안에서 펼쳐진 일본 최대 규모의 NFT 아트 축제인 크립토 아트 페스티벌을 주최하기도 했으며, 예술과 음악 등의 문화에도 조예가 깊다.

메타버스란 무엇인가?

　메타버스*는 SF 작가 닐 스티븐슨Neal Stephenson이 소설 『스노 크래시』에서 처음 사용한 표현인데, 여기에 보면 '인터넷에 구축된 가상의 3차원 공간에서 아바타 등을 이용해 만나는 환경'이라고 한다. 2003년에 린든랩Linden Lab에서 개발한 세컨드 라이프Second Life라는 가상세계를 비롯해 포트나이트Fortnite, 로블록스Roblox, 브이알챗VRChat, 클러스터Cluster 등이 메타버스 서비스에 해당한다.

　책이 출간되는 시점에서 메타버스는 대개 페이스북 호라이즌Facebook Horizon, 브이알챗, 포트나이트처럼 온전한 가상세계와 나이언틱Niantic에서 개발한 포켓몬고처럼 증강현실 형태로 나뉜다. 증강현실형은 미러월드Mirror World나 디지털 트윈Digital Twin이라고도

★　초월, 가상이라는 뜻의 '메타'와 현실세계를 뜻하는 '유니버스'의 합성어

자작 앱의 가상공간에서 셀프 카메라를 찍는 모습

하는데, 가상공간형과 크게 다른 점은 말 그대로 현실세계와 가상
세계를 넘나든다는 것이다. 현실이라는 영역 자체를 또 다른 차원
의 가상세계인 버스berse로 간주해 버추얼 가상세계와 리얼 가상
세계가 공존하게 한다.

　메타버스 전문가로 알려진 벤처투자가 매튜 볼Matthew Ball은
2020년에 메타버스가 성립하기 위한 일곱 가지 필수 조건을 다
음과 같이 제시했다.

① 지속성 : 일시 정지나 리셋 없이 무한으로 이어질 것
② 실시간 동기화 및 라이브 환경 : 현실세계와 기간이 똑같은
　　상태

③ 무제한 동시 참여 이용자 : 이용자 개개인이 존재감을 가질 것

④ 온전히 기능하는 경제 : 개인이나 기업이 가치를 창출하고 보수를 얻을 것

⑤ 초월성 : 현실과 가상, 개방과 폐쇄, 개인과 대중을 넘나드는 체험

⑥ 상호 운용성 : 플랫폼의 경계를 초월한 체험

⑦ 다양한 사람들의 공헌 : 개인이나 기업에서 다량의 콘텐츠나 체험을 제공할 것

이 일곱 가지 조건을 충족해야만 메타버스라고 한다. 우리가 흔히 상상하듯 VR기기를 뒤집어쓰고 가상세계에서 움직이는 것만으로는 메타버스라 하지 않는다.

시간이 흐르면서 메타버스의 개념 자체도 확장되고, 현실세계를 가상화하거나 현실과 가상을 포괄한 인터넷 경제를 메타버스라 부르는 경우가 늘고 있다. 본문에서도 이 정의에 따라 현실과 가상을 포함한 인터넷 경제를 메타버스라 하겠다.

폐쇄형 메타버스의 예

NFT와 메타버스 이야기를 하기 전에 주요 플랫폼의 동향을 소개한다.

메타버스 세계에서 물건이나 월드를 만드는 크래프트 계열을 페이스북 호라이즌, 로블록스, 클러스터 등 주요 플랫폼에서 추진하고 있다. 또한 웨이브VR을 비롯한 가상 라이브 플랫폼과 포트나이트, 동물의숲, 마인크래프트 등 크래프트 게임 계열 메타버스가 존재한다. 이들 대부분은 완전 가상공간형 메타버스며, 포켓몬고와 같은 증강현실형 메타버스는 아직 소수다. 또 경제 자체가 앱 안에서나 앱에서 작동하는 에코 시스템에 의해 닫혀 있어서 폐쇄형 메타버스Closed Metaverse라고도 한다. 그런데 2021년에 NFT가 떠오르면서 상황이 크게 바뀌었다.

NFT가 몰고 온 개방형 메타버스의 물결

NFT와 메타버스로 현실과 가상이 공존할 수 있게 됐다. NFT의 등장으로 복제 위험성이 있는 디지털 데이터도 고유한 것으로 판별할 수 있게 되었다. 덕분에 디지털 데이터는 현실의 물질에 가까운 존재가 되었다. 비트코인의 한정성이 가치를 담보하기 때문에 '디지털 골드'라 불리듯이 말이다. NFT가 메타버스에서 지니는 중요한 의미는 다음과 같다.

① 희소가치를 담보한다.
② 애플리케이션 외부에서도 소유할 수 있고 이벤트도 가능하다.
③ 실질적인 가치를 지닌다.

특히 ②의 휴대성이 중요한 개념이다. 디지털 아이템을 플랫폼 밖으로도 이동시킬 수 있다는 점이 NFT의 큰 특징이다. '지금이랑 똑같은 것 아냐?' 하고 의구심을 가질지도 모르겠지만, 현행 인터넷 문화의 개념을 뒤엎을 만큼 중요하다. 예를 들면, 지금까지는 특정 앱에서 구매한 디지털 아이템은 대부분 특정 앱 안에서만 이용할 수 있었다. 그러나 NFT는 어느 앱에도 소속되지 않는 블록체인에 자기만의 데이터가 있기 때문에 앱을 건너뛰어 권리를 행사할 수 있다. 현실세계의 매장에서 옷을 사면 세계 어디든 그 옷을 입고 가도 되듯이, 디지털 아이템도 구매하면 앱에 구속받지 않고 어느 세계로든 가지고 들어갈 수 있는 것이다. 이 디지털 아이템을 본인이 소유한다는 개념은 지금까지 출현한 메타버스와 상당히 다르며, 신개념 메타버스를 탄생시킬지도 모른다.

기존 메타버스에서는 그 세계에서 구매한 것은 그 세계에서만 이용할 수 있었다. 하지만 NFT가 등장한 덕분에 특정 메타버스에서 구매한 아바타나 아이템을 언젠가 다른 메타버스에서 이용할 날이 올지도 모른다.

메타버스끼리 서로 접속된 상태를 개방형 메타버스Opened Metaverse 라고 하며 NFT는 가치 교환의 기초 개념으로 이용된다.

NFT와 메타버스의 관계

현실에서 물리적 아이템 대부분은 당근마켓 등 중고시장을 통해 재판매할 수 있다. 어느 매장에서 옷을 사건 중고마켓 앱에서 되팔 수 있듯이, NFT 역시 어느 매장에서 구매하건 호환성이 있으면 어디에서나 2차 매매를 할 수 있다.

지금까지 디지털 데이터는 폐쇄적인 공간에서 거래할 수밖에 없었다. 그러나 NFT가 등장하면서 열린 마켓으로 탈바꿈하게 되었다. 현실세계에 존재하는 물리적 아이템의 시스템에 디지털 아이템이 접근했기 때문이 아닐까 싶다. 지금까지 무단복제의 늪에서 허덕이던 디지털 데이터가 현실세계의 규칙에 접근하면서 고유한 가치를 얻기 시작한 것이다.

토지나 부동산부터 음악, 미술, 게임, 패션 등 문화에 이르기까지 메타버스 안에서 NFT는 자유롭다. VR뮤직 페스티벌 등의 이벤트 티켓이나 메타버스용 아바타, 혹은 메타버스 공간 자체가 NFT의 형태로 거래된다. 이제 상상하는 모든 것이 NFT와 메타버스의 융합이라 해도 과언이 아닐 것이다.

대표적인 사례로 토지와 아바타, 이벤트 등의 문화를 소개하겠다. 대표적인 NFT가 메타버스 안에서 거래하는 토지다. 더샌드박스나 크립토복셀CryptoVoxels, 디센트럴랜드Decentraland와 같은 NFT 기반의 메타버스에는 기본적으로 토지 개념이 깔려 있다.

현실세계 물질에 가까워진 디지털 데이터 NFT가 어떻게 활용되고 있는지 실제 사례를 들여다보자.

크립토복셀

크립토복셀은 큐브 안에 지은 오픈 월드형 메타버스다. 이용자는 소유한 토지를 마음껏 활용해 공간을 편집하거나 본인이 소유한 NFT 아트를 장식할 수 있으며, 그곳에서 아바타를 이용해 다양한 체험에 나설 수도 있다. 크립토복셀 자체적으로도 이벤트를 여는데, 한국에서는 크립토 아트 위크 아시아라는 크립토 아트 전시 및 교류 행사가 있었다. 이처럼 토지 NFT를 소유한 사람만 토지를 관리할 수 있는 기능 중심의 문화이며, 더러 이벤트를 여는 이용자에게 토지 소유자가 땅을 임대하는 등 개인끼리 거래할 수도 있다.

메타버스와 패션의 만남

크립토복셀과 디센트럴랜드를 비롯한 NFT 계열 메타버스 대부분에서는 토지 말고도 아바타에게 입힐 패션용품을 판매한다. 3D 아바타용 모자나 스니커즈, 옷, 액세서리 등 일반적인 패션 범주를 모두 포함하는데, 메타버스 전용 의류를 판매해 일자리 창출에 성공한 사람도 있다.

특히 아티팩트RTFKT라는 브랜드는 메타버스용 패션 전문 스타트업으로 유명하다. 2021년에 발매한 가상 스니커즈 컬렉션이 7분 만에 매진되어 310만 달러(약 37억 원)의 수익을 올렸다. 이렇듯 메타버스용 오리지널 아바타 프로젝트나 크립토 문화인 리얼 스니커즈 등은 NFT 장착 기술의 최첨단을 보여주는 사례다.

메타버스가 발전할수록 메타버스용 패션시장도 점점 확장되어

크립토복셀 안에 있는 기업 사무실　　　　　　　　　　　출처: 크립토복셀

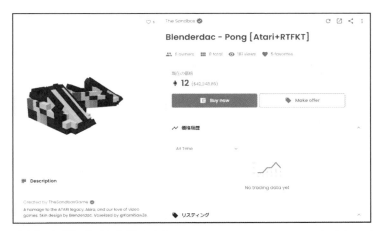

아티팩트의 더샌드박스용 디지털 스니커즈 출처: 오픈씨

디센트럴랜드 웨어러블 출처: 오픈씨

지금의 명품과는 다른 디지털 전문 브랜드가 떠오르리라고 예상
한다.

NFT 계열 메타버스의 이벤트

크립토 아트 페스티벌은 가상공간 안에서 열린 일본 최대의 미술 전시회로, 2021년 4월에 코나타라는 메타버스에서 개최되었다. 네트워크 안에서 90여 명의 아티스트가 모여 300점 이상의 작품을 동시에 전시한 이벤트다. 아티스트의 전시 말고도 NFT 수집가의 전시장이나 특정 NFT를 보유하지 않으면 입장이 제한되는 구역 등은 메타버스와 NFT의 협업이었기에 가능한 사례라 하겠다.

국경과 언어를 초월해 참신한 이벤트를 기획할 수 있다는 것도 메타버스의 강점이다. 더샌드박스나 디센트럴랜드도 메타버스 안에서 교류 이벤트나 기업 광고 이벤트를 밤낮으로 열고 있다. 코카콜라사는 NFT에 진출할 때 메타버스 안에서 홍보하려고 미트

일본 메타버스 코나타에서 주최한 크립토 아트 페스티벌   출처: 코나타

업meet up 이벤트를 진행했고, 그곳에 있는 사람에게만 NFT를 배포해서 고객 유치에 성공했다. 한국코카콜라사는 메타버스 플랫폼인 게더타운을 통해 '코카콜라 원더풀 아일랜드'라는 브랜드 체험 공간을 열고, 사용된 음료 페트병의 자원 순환을 재미있고 이색적으로 경험할 수 있게끔 했다.

또 메타버스에서 열린 이벤트는 분산형 자율조직인 다오와 잘 어우러져, 다오 안에서 만남을 추진하거나 다오를 거점으로 하는 사례도 나오기 시작했다.

가상공간에 나만의 갤러리를

토지 소유자나 수집가는 자기만의 NFT 아트 컬렉션이나 상품을 메타버스 안에 전시할 수 있는데, 그러기 위해서 본인의 갤러리를 여는 게 문화가 되었다.

NFT 컬렉터 Lev의 갤러리   출처: 디센트럴랜드

가상 건축가

한편, 갤러리 같은 건축물을 매력적으로 제작할 수 있는 사람은 그리 많지 않다. 그래서 직접 만들지 않고 창작자에게 의뢰해서 건축물을 제작하는 문화도 형성되었다. 현실세계와 마찬가지로, 토지 소유자가 건물을 타인에게 의뢰해 건축하고 본인 자산이 되도록 순서를 밟는 경제 시스템이 움직이기 시작한 것이다. 나아가 토지 자체를 개인이 소유하기도 하지만, 기업이나 단체가 확보해서 토지의 가치를 높이기 위해 활동하기도 한다.

이제 NFT와 메타버스를 둘러싼 커뮤니티 문화에 대해 설명하겠다.

NFT 컬렉터 Lev의 갤러리. 가상 작가 미소시타MISOSHITA가 제작함.   출처: 디센트럴랜드

컬렉터블 NFT의 유행과 메타버스 ────

2021년 8월을 기준으로 컬렉터블 NFT가 혁명에 가까울 정도로 유행했다. VISA에서 크립토펑크라는 단순 도트 그림의 아바타를 15만 달러(약 1억 7551만 원)에 구매해서 화제가 되었다. 컬렉터블 NFT란 크립토펑크, 해시마스크, BAYC 등, 인물이나 그에 준하는 동물의 모습을 그려 넣은 작품군을 말한다. 이것들의 공통점은 포맷은 같지만 각기 다른 특성을 나타내는 그림이 약 1만 종류 존재하는데, 똑같은 그림이 하나도 없다는 것이다. 사람들은 트위터나 각종 SNS에 올리는 자신의 프로필에 그 그림을 집어넣어 네트워크 안에서 자신을 표현하는 수단으로 활용하고 있다.

앞서 나는 메타버스가 현실세계와 가상세계를 포괄한다고 설명했다. NFT의 등장으로 탄생한 네트워크 및 현실세계의 문화는 가상세계인 메타버스와도 맞물린다고 볼 수 있다. 동질감이나 동료의식을 느끼기 위해 현실세계에서 록밴드의 티셔츠를 입고 지속 가능한 개발 목표SDGs 등의 메시지를 새겨 넣은 옷을 걸치는 것처럼, 메타버스 안에 있는 아바타로도 그렇게 할 수 있다. 이렇듯 컬렉터블 NFT는 네트워크 커뮤니티를 형성하는 데에도 활용되고 있다.

기묘한 원숭이의 대행진

그 문화에 더욱 깊이 발을 들여놓은 것이 지루한원숭이요트클럽Bored Ape Yache Club, BAYC이다. BAYC는 2021년 4월 30일에 발족한 NFT 클럽이다. 1만 개의 원숭이 아바타가 발행되었고, 초기에는 이더리움으로 환산해 200달러에 판매되었다. 그러다가 같은 해 8월에 최저가가 15이더리움(약 5200만 원)까지 치솟는 기이한 풍경까지 나타났다.

그렇게 폭등한 BAYC에도 특징이 있다.

- 발행한 NFT만 들어갈 수 있는 회원 사이트가 존재한다.
- 작품의 상표권은 작품 소유자가 가져간다.
- 판매 전에 로드맵을 제시해야 한다.

그 결과 이용자들은 다음 결과를 얻었다.

- 동일 종족 아바타를 소유하게 되어 소속감을 느꼈다.
- 공통의 목표를 추구하여 하나의 집단이 되었다.
- 상표권을 소유자에게 양도해서 기존의 중앙집권적인 지식재산 형성법이 아닌 커뮤니티 주도의 지식재산권을 유행시켰다.

다시 말해, NFT 보유자끼리 커뮤니티를 조직하고 커뮤니티 또

NFT로 부의 패러다임을 바꾼 사람들

출처: NFT 회원 전용 사이트 BAYC

는 IP를 분산형으로 형성했다고 할 수 있다. 특히 커뮤니티가 주
도적인 역할을 하기 때문에 자신이 소유한 NFT의 가치를 본인의
노력으로 높일 수 있다. 바로 이 점이 컬렉터블 NFT가 가져온 패
러다임 전환이다. 이 원숭이 아바타 커뮤니티가 활성화할수록 자
신이 보유한 원숭이의 가치도 높아지고, 언젠가는 영화나 게임으
로 개발될지도 모른다. 이렇게 자율적인 분산형 커뮤니티는 다오
라고도 불리며 블록체인 상품이나 메타버스에서 빼놓을 수 없는
요소가 되었다.

다오

분산형 자율조직 다오DAO는 현재 다양한 프로젝트를 통해 구축되기 시작하는 단계에 있다. 다오에 따라 조직 형태가 다르므로 이번 단락에서는 NFT와 관련한 다오를 중심으로 설명하겠다. 다오 중에는 컬렉터블 NFT인 해시마스크에서 파생해 IP를 관리하는 마스크 다오Mask DAO, NFT를 공동구매하고 보유하는 플레저 다오Pleasure DAO 등이 있다. 이들의 특징은 다음과 같다.

- 공통된 하나의 미션이 있다.
- 관리 주체가 없다.
- 커뮤니티를 주도한다.
- 실명과 익명의 계좌가 섞여 있다.

다오는 독립적인 개인들의 모임이며, 대부분은 네트워크 안에서 소통하고 형성된다. NFT에 기반한 메타버스에는 다오와 같은 조직이 무수하게 형성된 터라, 실명과 익명을 가리지 않고 공간의 경계를 넘어 논의하고 소통하는 공간이 필요하다. 이 소통의 장이 바로 메타버스이며, 기존 메타버스와 또 다른 점이다. NFT를 매개로 해서 조직의 존재 가치나 메타버스를 활용하는 방식도 변화하는 것이다.

NFT로 부의 패러다임을 바꾼 사람들

메타버스를 실현하기 위해 넘어야 할 산 ────

지금까지 메타버스와 NFT의 사례를 들었는데, 화제를 바꿔서 메타버스의 현실적인 제약을 털어놓겠다. 특히 심각한 것이 권리 문제다. NFT의 큰 특징이 플랫폼을 넘나들며 디지털 데이터를 이동한다는 점인데, 지금까지 IP 관점에서 보면 시야를 벗어나지 않는 범위에서 사용을 승인했다. IP 소유자가 게임 속에서 사용을 허가할 때는 '게임의 이 부분에만 사용하기 바랍니다. 권리에 대한 수수료는 얼마입니다'라고 범위를 한정한다. 하지만 NFT는 현실세계와 마찬가지로 어디서 구매하든 마음대로 들고 다닐 수 있는 점이 특징이다. 따라서 NFT를 의식한 권리와 지금까지의 인터넷 비즈니스 권리는 접근 방식이 달라야 한다.

기존 IP 비즈니스가 NFT에 진출하기 어려운 건 바로 이런 개방성 때문이다. 지금까지는 사용처를 한정해서 승인 수수료를 챙기는 사업이 가능했으나, NFT로 바꾸는 순간 사람들이 앱과 앱을 넘나들며 무료로 이용할 수 있으니까 말이다.

그래서 NFT에 정보를 집어넣을 때는 무제한으로 이용할 수 있는 것과 권한을 행사해야 하는 것을 구별해야 한다. 가령, 메타버스라면 아바타의 섬네일 화면은 어느 플랫폼에서든 마음껏 열어볼 수 있으나, 아바타를 이용하려면 특정 메타버스에 들어가야 하는 식으로 제한을 둘 수 있다.

권리 사용을 승인하는 문제는 NFT만이 아니라 여러 방면으로 얽히는 일이기 때문에 공통으로 적용할 라이선스 규격이 마련되면 좋을 듯하다.

기술의 한계 또한 넘어야 할 장벽이다. NFT가 아무리 플랫폼이나 앱을 자유로이 이동할 수 있다고 해도 데이터 파일이나 개발 사양은 제각기 다르다. 그래서 만일 플랫폼 A에서 구매한 아바타를 플랫폼 B나 애플리케이션 C에 들여놓을 수는 있었다고 해도 아바타의 움직임이 바뀌거나 애초 버그에 걸리는 문제가 발생할 수 있다.

jpg나 png 파일처럼 어느 앱에서건 호환되는 것도 있으나, 3D 파일이나 VR 등의 데이터는 매우 복잡하고 표준화되어 있지도 않다. 앞으로 공통으로 적용할 제도가 마련될지, 아니면 기업마다 제각기 만든 사양을 유지하면서 나아갈지는 사실상 아무도 모른다.

이 장에서는 NFT와 메타버스의 역사, 그리고 2021년의 상황을 소개했다. 가상과 현실이 블록체인이나 NFT를 통해 유연하게 접속되고 혁신의 시대가 열리는 한복판에 우리는 있다. 이 장을 읽은 당신이 조금이라도 호기심을 느끼고 새로운 시대를 함께 만들 수 있기를 기원한다.

NFT로 부의 패러다임을 바꾼 사람들

NFT가 일으킨 지각변동, 게임시장이 맞이할 새로운 국면

게임에 등장하는 캐릭터나 아이템을 이용자끼리 거래할 수 있는 세상이 왔다. 한 세기 전만 해도 꿈꾸지 못한 진화가 이어지는 NFT 게임시장. 크립토스펠 등으로 게임업계를 주도하는 크립토게임사의 오자와 고타가 업계의 변화와 현재를 설명한다.

오자와 고타 ——————————————————————— 小澤孝太

2014년 게이오기주쿠대학교 경제학부를 졸업하고 사이버 에이전트사에
입사했다. 게임 관련 프로젝트를 다수 기획한 성과를 인정받아, 2016년에
회사 자체 차세대 리더 육성 프로그램인 CA36의 일원으로 선정되었다.
2018년 크립토게임 주식회사를 설립했고, 2019년 블록체인 트레이딩 카
드 게임인 크립토스펠을 정식으로 출시했다. 2020년에는 블록체인 기반
게임회사인 더블점프 도쿄DoubleJump. tokyo의 사외이사를 지냈다. 블록체인 콘
텐츠협회 이사며, 비즈니스모델 특허를 두 건 보유하고 있다.

NFT 게임의 등장

2017년 11월에 다양한 가상 고양이를 구매하고 판매·수집·번식시키는 크립토키티가 등장한 이후 디지털 캐릭터나 아이템이 NFT로 전환되었고, 자유로이 사고팔 수 있는 NFT 게임이 출시되기 시작했다. 당시에는 NFT 게임을 주로 디앱Dapps이나 블록체인 게임이라 불렀다.

일본 NFT 게임으로는 2018년 11월 30일 이더리움에 기반한 블록체인 게임인 마이 크립토 히어로즈My Crypto Heroes가 출시되었는데, 거래금액과 거래량, DAU(일일 액티브 유저) 부문에서 세계 1위를 기록했다. 그 후 2019년 6월 25일에 크립토스펠Crypto Spells, 2020년 1월 23일에 컨트랙트 서번트Contract Servant, 2020년 1월 30일에 브레이브 프론티어 히어로즈Brave Frontier Heroes, 2020년 4월 20일에 에그립토EGGRYPTO, 2021년 5월 30일에 마이 크립토 사가My

Crypto Saga, MCS 등의 타이틀이 줄지어 일본 NFT 게임으로 출시되었다.

기존 게임과 차별되는 특성

NFT 게임은 아날로그 트레이딩 카드 게임Trading Card Game, TCG에 비유되곤 한다. 디지털이면서도 아날로그 카드와 마찬가지로 세계에 몇 개밖에 존재하지 않는 유한함을 보증받기 때문에, 희귀한 카드는 자산 가치가 높다. 또한 아날로그 카드를 카드 판매장에서 거래하거나 친구끼리 교환하듯이, 디지털 안에서도 NFT를 자유로이 교환하고 판매할 수 있다.

NFT 게임은 아날로그 카드 게임처럼 자산 가치를 지니는 한편, 간편하고 온라인 매칭이 가능하며 (게임에 따라 다르지만) 무료로 시작할 수 있는 등 디지털 게임만의 장점도 갖추고 있다.

나아가 본인의 NFT를 다른 게임에도 쓸 수 있도록 구현한 NFT 게임도 있는데, 이는 물론 NFT이기에 가능한 일이다. 이를테면 마이 크립토 히어로즈에 있는 일부 NFT를 크립토스펠에서도 사용할 수 있는 식이다.

표1 **TCG의 변천 과정**

	TCG 1.0 아날로그	TCG 2.0 디지털	TCG 3.0 블록체인
자산화	○ 자유로이 교환	✕ 서비스를 종료하면 사라짐	○ 자유로이 교환, 발행 매수 및 소유자를 알 수 있음
2차 유통	○	✕	○
시작하기 편리함	△	○ 무료로 시작	○ 무료로 시작
확장성	–	–	○ 본인 카드를 다른 게 임에서도 사용 가능

NFT는 게임에 불을 지피는 인센티브다

NFT 게임의 특징 중 하나는 게임에 등장하는 캐릭터나 아이템을 이용자끼리 거래할 수 있다는 점이다. 이 특징 때문에 이용자가 플레이 스킬을 연마해서 특정 캐릭터의 강력한 스킬을 확장하거나 이벤트를 열어 그 캐릭터의 인기를 높이면 보유한 캐릭터 NFT를 더욱 높은 가격에 거래할 수 있다. 그래서 이용자는 주도적으로 게임에 열기를 불어넣으면 본인에게도 유리하다고 인식한다.

이제 NFT 게임의 양대 산맥을 소개한다.

마이 크립토 히어로즈

마이 크립토 히어로즈는 더블점프 도쿄에서 제공하는 NFT 전용 RPG Role Playing Game* 다. 이더리움을 기반으로 하는 블록체인 게임으로, 거래금액과 거래량, DAU에서 세계 1위를 기록했고 출시 후 2년 동안 누계 2만 이더리움을 넘어섰다. 도트 그림으로 표현된 역사 속 영웅 캐릭터들이 파티를 만들어 노드 Node라 불리는 던전에 참여해 적을 처부수고, 손에 넣은 레어 아이템으로 파티를 더욱 강력하게 키우는 게임이다. 플레이어끼리 NFT로 만들어진 영웅 캐릭터와 장비 아이템을 사고팔 수 있다.

마이 크립토 히어로즈에서는 플레이어의 다양한 전투 방식을 '사농공상土農工商'에 비유한다. 각 플레이어가 계획대로 움직이면 그곳에 경제 구역이 형성되어 게임이 활기를 띠도록 설계되어 있다.

사농공상에 해당하는 각 플레이어는 다음과 같다.

- 무사 : 플레이어끼리 배틀을 해서 승리해야만 보수를 얻기 때문에 더욱 강력한 캐릭터나 아이템을 수집해서 막강한 파

★ 플레이어가 게임 속 캐릭터가 되어 미션을 수행하는 게임

일본 NFT 게임을 대표하는 마이 크립토 히어로즈

티를 만드는 플레이어다.

- 농민 : 던전을 공략해서 확보한 아이템을 상점에 팔아 이익을 얻는 플레이어다. 아이템을 드롭해야 플레이어들에게 아이템을 제공할 수 있으므로 생산직과 같은 역할을 한다고 해서 농민 플레이어라 한다.
- 기능장 : 마이 크립토 히어로즈에는 캐릭터의 도트 그림을 편집하는 기능이 있는데, 이 기능에 따라 능력도 달라진다. 편집한 도트 그림은 캐릭터 스킨으로 판매할 수 있다. 독창적인 도트 그림을 팔아 수익을 올리는 플레이어를 공인 또는 기능장이라 한다.
- 상인 : 상점에서 아이템이나 캐릭터 NFT를 구매해서 다른 플레이어에게 되팔아 이익을 얻는 플레이어다. 캐릭터 NFT를

사들여서 게임 전체에 배급을 늘리는 역할도 하기 때문에 마이 크립토 히어로즈의 경제활동에서 빼놓을 수 없는 존재다.

크립토스펠

크립토스펠은 크립토게임사에서 제공하는 TCG를 이용한 NFT 게임이다. 2018년 6월에 정식으로 출시했는데, 매출금액이 첫날 600이더리움을 돌파하며 같은 해 일본 최고를 기록했다. 2019년 6월 일본에서 처음으로 블록체인 게임이라는 명칭을 사용해 지상파 광고를 내보냈다. 2021년 4월에는 코인체크 NFT에서 최초의 NFT 세일을 개최했는데, 5초 만에 매진하며 거의 6200만 원의 매출을 기록했다.

턴 방식의 카드 배틀 게임인 크립토스펠

크립토스펠은 30장의 카드와 첫 번째 패로 선택할 수 있는 스킬 카드 세 장으로 덱(배틀장)을 짜고, 그곳에서 NPC Non-Player Character★ 혹은 상대 플레이어와 전투하는 턴 방식의 카드 배틀이다. 덱을 짜는 방식이나 턴마다 어떤 카드를 내놓느냐에 따라 전투 상황이 무한대로 펼쳐지며, 전략 짜기도 심오하다. 게임에는 브론즈, 실버, 골드, 레전드라는 네 종류의 희귀도 등급이 있는데, 그중 상위에 해당하는 레전드와 골드의 카드는 게임 안팎의 상점에서 거래할 수 있는 NFT 카드다. 레전드 중에서도 리미티드 레전드 카드는 발행 매수가 아홉 장으로 매우 귀해 플레이어들 사이에서 고가에 거래된다.

크립토스펠은 3개월에 한 번 대규모 대회를 여는데, 우승 상품은 게임 안에서 자신이 만든 오리지널 카드를 장착할 수 있는 카드 발행권 NFT다. 이 NFT를 사용해 취향에 맞는 카드를 제작해도 되고 마켓 플레이스에 팔아 이익을 남겨도 된다.

크립토스펠에는 누구나 가입할 수 있는 다섯 곳의 길드가 있으며, 길드 스톡Stock이라고 하는 길드의 소유권 NFT도 판매한다. 길드 스톡의 소유자는 길드에 소속된 멤버가 크립토스펠에 새로 비용을 내면 그 금액의 일부를 수입으로 얻는다. 각 길드에서 길

★ 괴물이나 상인 등으로 등장하는 일종의 도우미 캐릭터인데, 플레이어가 조종할 수 없다.

뛰어난 전략이 필요한 크립토스펠의 게임 화면

드 스톡을 가장 많이 소유한 사람이 길드 마스터를 결정하는데, 길드 마스터는 자신의 길드를 활성화하기 위해 기발한 시책을 내놓기도 한다. 이 게임은 크립토스펠에서 공식적으로 주최하지 않고, 길드가 중심이 되어 독자적으로 커뮤니티를 형성하고 이벤트를 기획하면서 뜨거운 열기를 더해가는 중이다.

NFT로 새로운 국면을 맞은 게임산업

2021년으로 접어들자 일본 거대 게임회사에서도 NFT 사업에 뛰어들겠다는 의지를 밝혔다. 4월에는 소닉, 뿌요뿌요, 용과 같이 시리즈로 유명한 세가SEGA와, 파이널 판타지, 드래곤 퀘스트 시리즈로 유명한 스퀘어에닉스SQUARE ENIX가 더블점프 도쿄와 손잡고 TCG 게임인 밀리언 아서 시리즈 중 '자산성 밀리언 아서'라는 캐릭터 스티커를 NFT 디지털로 개발하기 시작했다.

또 악질 업자들이 만든 사기 게임으로 이용자가 피해를 보지 않도록 NFT 게임 가이드라인을 정비하는 일에도 박차를 가하고 있다.

여전히 일본의 소셜 게임이나 스마트폰 게임은 대체로 유료 결제 시스템을 통해 상품을 판매하고 있다. 점찍어둔 상품을 손에 넣을 수 있는지 여부가 결제 시스템에 달렸기 때문에, 이용자가 아무리 돈을 쏟아 부어도 원하는 상품을 구매하지 못하는 상황이 벌어지기도 한다. 게다가 그 아이템은 2차 유통이 금지되어 있어 원하는 아이템을 손에 넣으려면 당첨될 때까지 구매를 시도해야 한다. 이는 경제적으로나 정신적으로 어마어마한 손실이다.

그런데 NFT 게임은 기존의 스마트폰 게임에서 2차 유통이 금지되어 있던 아이템을 NFT로 발행해 2차 유통을 할 수 있는 상태로 바꿔준다. 운 좋게 아이템을 획득한 이용자에게서 그 아이템을 구매할 수 있게 된 것이다. 또한 2차 유통 수수료 일부가 게임 운영자에게 돌아가도록 시스템을 연계할 수 있으므로, 게임 운영자는 2차 유통을 통한 수익 창출도 고려할 수 있다.

게임업계에서 풀어야 할 과제

NFT 게임은 스마트폰 게임에서는 문제가 되지 않던 법적 위험성을 안고 있으므로 그 부분을 해결한 다음에 게임사업을 전개하는 것이 바람직하다. 예를 들어 일본에서는 유료 결제 시스템을 통해 NFT 아이템을 판매하면 도박 범죄의 늪에 빠지기 쉽다고 여긴다. 이는 2차 유통을 거치면서 가치가 불어난다고 인정되는 아이템을 확률적으로 얻거나 얻지 못하는 경우가 발생하기 때문이다.

현재 해외 최대 NFT 게임인 액시 인피니티(일명 AXS)를 필두로 독자적인 암호자산을 발행하는 게임 타이틀이 늘고 있다. 일본에서도 마이 크립토 히어로즈를 운영하는 MCH사에서 MCHC라고 하는 거버넌스 토큰Governance Token★ 을 발행해 게임 운영에 의결권을 행사할 수 있도록 하고 있다.

한편, 일본에서는 NFT 및 독자적인 암호자산 발행에 관한 법률과 세무 부분이 아직 명확하게 정비되지 않았다. 앞으로 더욱 큰 게임사가 NFT와 NFT 게임에 참여해 이용자와 함께 사안을 결정하는 게임 환경을 만들려면 일본에서 NFT 및 독자적인 암호자산 관련 법률과 세무 문제를 정비해야 한다고 생각한다.

★ 단체 구성원들이 함께 의사결정에 참여해서 주요 사안을 결정하도록 하기 위해 발행된 토큰

NFT 게임의
세계적 권위자가 말하는
게임 혁명

세계를 대표하는 NFT 게임 하면 단연 더샌드박스다. 블록체인 기술과 게임, 교육에 열정을 쏟아 부은 창업자 세바스티앙 보르제가 더샌드박스를 예로 들어 NFT 게임의 혁신에 관해 설명한다.

세바스티앙 보르제 ─────────────────────── Sebastien Borget

더샌드박스 및 픽스올Pixowl의 공동설립자 겸 최고운영책임자COO다. 모바일 게임업계에서 10년 이상 경력을 쌓았으며, 최고 수익을 낸 타이틀 제작과 마케팅 책임자로도 활약하고 있다. 모바일판 더샌드박스 시리즈는 다운로드 수가 4천만 건을 돌파했으며, 2012년과 2013년에는 앱스토어 베스트 게임에 선정되었다. 블록체인 관련 기업들의 연합인 블록체인게임얼라이언스Blockchain Game Alliance, BGA에서 회장을 맡고 있기도 하다.

세계 NFT 게임 현황

현재 블록체인 게임공간인 메타버스 개념은 모든 이용자의 직업과 사회활동, 놀이 방식, 수입원을 바꾸고 있다. 그러나 블록체인 기반 메타버스가 도대체 무엇인지 정확하게 아는 사람은 많지 않다. 간단히 설명하면, 메타버스는 우리 인간이 3D 아바타라고 하는 가상의 나를 통해 여러 활동을 동시에 체험할 수 있는 디지털 평행세계Parallel World이다. 메타와 로블록스, 포트나이트 등 대기업에서 손댄 메타버스의 이름 정도는 들어봤을 것이다. 이들은 중앙집권형 메타버스로, 플랫폼을 운영하는 기업에서 모든 이용자의 데이터를 관리하고 소유하는데, 이 데이터는 폐쇄된 공간에서만 운용된다.

반면, 더샌드박스가 운용하는 메타버스는 더샌드박스의 NFT를 기본으로 하는 가상의 게임세상이며 분산형이고 개방된 세계

NFT 게임을 대표하는 더샌드박스

다. 더샌드박스는 이용자 중심의 플랫폼이며, 이용자가 자신의 정체성과 게임자산, 게임 속 통화(화폐)인 SAND를 관리하고 실제로 소유할 수 있다는 점이 가장 큰 매력이다.

　이 블록체인 기술이 등장하면서 디지털 시장에 지각변동이 일어났다. 블록체인 기술로 아이템 작성자와 소유자를 증명할 수 있게 된 것이다. 이로써 디지털 자산 자체에 가치를 두고 자산이나 서비스가 평가·보관·거래되며 수익으로 연결되는 디지털 경제가 돛을 올렸다.

　NFT의 특징은 권리에 있다. 각 디지털 자산은 식별 및 증명할 수 있는 제한된 수의 복사판을 지니며, 개발자에게 문의하거나 승인을 얻을 필요 없이 이용자끼리 사고팔 수 있다.

메타버스와 게임

게임 안에서 사용자 생성 콘텐츠User Generated Content, UGC 상품을 사고파는 일은 새로운 방식이 아니다. 이미 중앙집권형 게임 또는 월드 오브 워크래프트World of Warcraft, 동물의숲 등 다중 접속자 온라인 RPGMassive Multiplayer Online RPG, MMORPG로도 구현되었으니 말이다. 그러나 게임을 개발한 회사에서 권리를 쥐었기에 플랫폼에 제약이 따랐고, 이용자끼리는 그레이·블랙마켓*에서 콘텐츠를 거래했다. 심지어 UGC에는 소유권 개념이 없었다. 그래서 메타버스 맵에 존재하는 게임 안에서 비용을 지급해도 가치 자체를 소유할 수 없었다.

2017년, 나를 비롯한 더샌드박스의 창업자들은 블록체인 기술이 이용자에게 새로운 기회를 선사하고 NFT 게이밍이 과거의 비즈니스 모델을 바꿀 것이라고 내다보았다. 주위에서 블록체인 기술을 회의적인 시각으로 바라보는 동안, 콘텐츠 창작자 또는 이용자의 손에 의지하는 개방된 메타버스 사업을 구축하기 시작했다.

2021년에는 블록체인과 NFT가 세상을 뒤집었는데, 이는 갑자기 발생한 현상이 아니다. 시장이 형성되기 전부터 더샌드박스 팀과 같은 선구자들이 마케팅 활동을 이어왔고, 이용자에게 블록체인 게임의 경이로움을 끈질기게 홍보했으며, 관심을 보이는 게임

★ 가격이 공정가격보다 비싼 일종의 암거래 시장

이용자를 더샌드박스의 세계로 안내했기 때문이다. 이렇게 블록체인 창작자가 만들어낸 디지털 콘텐츠 하나하나에 진정한 가치를 불어넣고 창작자에게 참신한 사업 기회를 제공하는 과정을 겪으면서 새로운 패러다임이 탄생했다.

디센트럴랜드와 크립토복셀 역시 NFT 메타버스의 선구자들이지만, 더샌드박스는 3D 복셀Voxel*로 구성해서 더욱 게임에 특화된 서비스를 제공했다는 점이 특징이다. 더샌드박스는 대규모 이용자를 거느린 마인크래프트로 성공한 복셀세계를 채택해서 크리에이터 육성에 힘을 쏟고 있으며, 독특한 분산형 메타버스로 발전해나가고 있다. 즉, 더샌드박스는 새로운 블록체인 기술을 받아들이고 기존의 성공한 서비스를 업그레이드해서 여타 블록체인 메타버스와 차별화를 꾀하고 있다.

더샌드박스의 또 다른 특징은 UGC 게임자산의 소유권을 완전히 이용자에게 넘겨준다는 점이다. 콘텐츠 소유자는 자기 자산을 다른 이용자에게 양도하거나 대여해서 게임 안에서 지낸 시간을 보상받을 수 있다. 게임 제작자도 통화를 소유하고 규칙을 정하면서 진정한 주인의식을 실감하고 그 묘미를 경험할 수 있다. 이용자에게 소유권을 넘겨주고 보수를 지급하기 때문에, 이용자가 게임에 참여해서 돈을 버는 플레이 투 언Play to Earn, P2E을 실현하면

★ 부피가 있는 픽셀. Volume과 Pixel의 합성어.

법인은 물론이고 개인 개발자와 제공자가 모두 자신의 자산 가치를 높이기 위해 노력하는 즐거움을 만끽할 수 있다.

이용자가 주체가 되어 운영하는 메타버스에는 거버넌스 층이라는 신개념 집단이 존재한다. 플레이어가 투표권을 행사해서 월드 한계parameter나 개발 우선순위, 미래의 의사결정에 영향을 미치는 것이다.

분산형 메타버스란 무엇인가

블록체인 기술의 역사가 길지 않은 탓에 현재 메타버스의 의미는 본질에서 벗어났고 표현 자체만 홀로 독주하고 있다. 메타버스가 추상적인 단어인 데다, 연일 입에 오르내리는 NFT조차 그 정의나 개념을 두고 사회적으로 명확하게 합의된 상태가 아니기 때문이다. 많은 전문가가 독자적으로 정의를 내리고 있지만, 더샌드박스에서는 메타버스를 다음과 같이 정의한다.

"메타버스는 사회 교류를 위한 가상세계며, 콘텐츠를 생산하는 크리에이터가 삶을 영위하는 하나의 경제이기도 하다. 메타버스를 좀 더 엄밀하게 따지면, 로블록스나 마인크래프트를 비롯한 메타버스의 지식재산 대부분은 사실 메타버스가 아니라 마이크로버스Microverse라고 생각한다."

로블록스는 생산성과 접근성을 향상하기 위해 많은 제약을 두고 있다. 실제로 미국 IT 분석 매체《스트래트처리》의 설립자 벤

톰슨은 로블록스를 마이크로버스로 규정했다.

메타버스가 마이크로버스와 다른 네 가지 핵심을 정리하면 다음과 같다.

① 신뢰가 아닌 기술에 기반을 둔다는 점. 메타버스에서는 시스템을 조작할 수 없기에 이용자는 데이터나 자산에 대한 주권을 빼앗길까 염려하지 않아도 된다. 메타버스는 현실세계의 자연법칙에 맞추어 바꿀 수 있는 게 아니다.

② 개방적이라는 점. 플레이어는 이용자로서만이 아니라 창작자 또는 개발자로서도 활약할 수 있고, 모든 플레이어의 서비스에 평등하게 접근할 수 있다.

③ 상호 운용성이 있다는 점. 로블록스의 아이템을 마인크래프트로 가져가는 등 메타버스에서는 게임 간에 자산을 이동할 수 있어야 한다.

④ 조합이 자유롭다는 점. 분산형 금융시장인 디파이DeFi* 에서 일으킨 혁신처럼, 존재하는 인프라 서비스와 최신 기능을 겸비한 서비스나 프로젝트를 조합하는 사양에 호환성이 있어야 한다.

★ 은행 같은 중앙의 중개자 없이 블록체인이나 암호화폐를 이용해 대출 및 투자를 할 수 있는 시장

NFT로 부의 패러다임을 바꾼 사람들

결국, 진정한 메타버스는 누구나 참여할 수 있는 퍼블릭 블록체인Public Blockchain을 기반으로 한다. 그래서 플레이어는 현실세계와 달리 운영자의 제약에서 해방된 자유로운 세계를 체험할 수 있게 된다. 블록체인과 NFT가 몰고 온 세계이기에 실현 가능하다고 우리는 믿는다.

NFT 게임으로 바라보는 더샌드박스

블록체인 기술을 이용한 게임이 어떻게 개발되는지 궁금한 독자를 위해 NFT 기반의 메타버스를 소개한다.

더샌드박스의 메타버스 안에서 참여할 수 있는 게임은 3D 복셀 아트 스타일을 채용하고 있으며, 다채로운 재료를 누구나 순식간에 제작할 수 있도록 환경을 제공한다. 덕분에 크리에이터는 블

더샌드박스 게임은 3D 복셀 아트 캐릭터가 특징이다.

록체인에서 복셀 재료나 게임 체험을 손쉽게 공유하고 수익으로 전환할 수 있다. 나아가 가상공간 체험을 지원하는 랜드(가상의 토지)는 이용자가 메타버스 지도의 고정된 위치에 소유할 수 있으며, 플레이어는 하나의 랜드에서 다음 랜드까지 걸어서 이동할 수 있으므로 현실에서 부동산을 소유하는 것과 같은 기분을 만끽할 수 있다.

더샌드박스는 지금으로부터 10년 전, 블록체인 기술이 개발되기 전에 모바일을 통해 더샌드박스 브랜드로 픽셀에 기반한 UGC 게임을 개발한 전적이 있다. 이 더샌드박스 게임 시리즈는 4천만 회 이상 다운로드되었고, 이 안에서 이용자는 수백만 건의 콘텐츠와 수십만 개의 픽셀 게임을 제작하고 체험을 공유했다.

그러나 이 게임은 UGC 제공에 공헌한 크리에이터가 어떤 보상도 받지 못한 폐쇄적인 시스템이었다. 플랫폼이 제한적이었고 그들에게 보수를 제공하는 시스템 자체가 없었기 때문에 환원하지 못했다.

그런데 2017년에 더샌드박스 팀은 크립토키티나 크립토펑크와 같은 NFT를 목격하고서, 블록체인 기술을 활용한다면 디지털 자산의 진정한 소유권을 분산시키고 UGC 콘텐츠 제작자에게 보상이 돌아가는 세계를 제공하는 일이 가능하다는 점을 깨달았다. 그때 더샌드박스는 UGC와 NFT를 조합해서 모든 크리에이터가 고유의 NFT를 만들고 그것을 게임에 사용하도록 머니 타이

더샌드박스가 걸어온 길

- 2018년 : 분산형 메타버스 더샌드박스를 구축했다.
- 2019년 : 일본 게임 브랜드 스퀘어에닉스와 블록체인 투자회사 해시드Hashed에서 투자를 유치했다. 3D 제작 툴인 복스에딧VoxEdit의 퍼스트 베타를 시작했다.
- 2020년 : 세 개 랜드의 프리세일과 바이낸스 런치패드 유틸리티 토큰인 SAND가 매진되었다. 게임 개발자가 게임메이커(무료로 3D 게임을 만들 수 있는 도구상자)의 최초 베타버전으로 게임을 개발하기 시작했다. 게이머는 코인마켓캡CoinMarketCap(가상자산 금액을 추적하는 사이트)에서 최초로 진행한 런 앤 언Learn & Earn NFT 게임 캠페인을 통해 게임을 토큰화해서 수익을 남기는 방법을 배우기 시작했다.
- 2021년 : 더샌드박스 최초로 퍼블릭 알파(P2E 오픈 이벤트로, 해당 기간에 더샌드박스 메타버스를 탐험할 기회를 선사하며, 알파 패스 NFT 보유자에게는 보상을 제공한다.)를 개최했다. 4305명이 랜드의 주인이 되었고, 4만 4000명 이상의 지갑이 링크되었으며, NFT가 판매·구매·거래되었다. 현재 60개 이상의 주요 암호자산과 제휴해서 콘텐츠를 메타버스에 도입하고 있다.

즈Monetize★ 하기로 했다.

더샌드박스의 블록체인 버전에서는 기존 게임보다 개발 규모가 확장되었다. 더샌드박스는 소유자의 책임감을 블록체인에 녹

★ 무상 콘텐츠를 유료화하는 등, 수익이 발생하지 않는 콘텐츠를 수익을 창출하는 서비스로 전환하는 일

여서 복셀 게임의 메타버스에서 게임이나 콘텐츠를 만드는 사람을 모두 플랫폼의 성공에 공헌한 사업상 파트너로 인정하고, 플랫폼의 성공과 확대된 이익을 크리에이터 또는 이용자와 공유하는 세계를 실현했다. 즉, 더샌드박스가 제공한 환경에 공헌하는 한 사람 한 사람이 더샌드박스의 성공에도 공헌하는 세계가 되었다.

더샌드박스의 가상세계

더샌드박스만의 특징은 애플스토어나 게임 커뮤니티인 스팀Steam처럼 게임을 모아놓은 갤러리가 아니라는 점이다. 더샌드박스는 3D 아바타를 이용해 다양한 게임을 체험하는 가상세계다. 이용자가 랜드를 소유할 수 있고 디지털 공간 지도가 있으며, 아바타가 걸어서 랜드 경계선까지 가면 인접한 랜드로 건너갈 수 있다. 이처럼 게임을 체험하는 장소는 현실세계의 부동산과 마찬가지로 위치를 기반으로 하며, 랜드에 사람을 불러모으는 개념도 있다.

더샌드박스의 유한한 메타버스에는 현실세계와 마찬가지로 인구 밀도가 영향을 미친다. 가령 더샌드박스의 토지를 소유한 미국 비디오 게임회사 아타리Atari와 같은 유명 IP의 랜드 근처에는 아바타들의 통행량이 많고 랜드의 가치가 높아질 가능성이 있다. 더샌드박스에서는 교통 시스템도 작동한다. 랜드와 랜드 사이를 끊

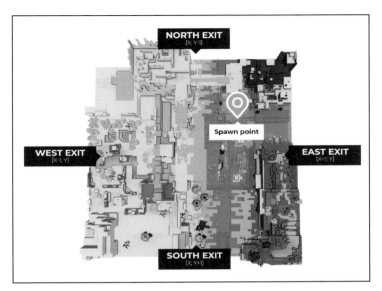

더샌드박스 속 랜드(가상의 토지). 스폰 지점과 인접 랜드로 이동하는 출구가 표시되어 있다.

김 없이 이동할 수 있을뿐더러, 포털이나 스폰 지점spawn point*이라는 이동 포인트가 있으며, 넓은 공간을 편리하게 이동하는 기능도 있다. 플레이어는 인접한 랜드로 바로 이동하거나 교통 시스템을 이용해서 멀리 떨어진 랜드 사이를 고속으로 이동하기도 한다. 포털을 이용하면 메타버스에 분산된 게임 체험을 간단히 탐색할 수 있다.

★ 죽었을 때 부활하는 지점

주요 특징

더샌드박스의 주요 특징은 다음과 같다.

- 탈중앙집권적 : 모든 게임자산은 NFT로 표현되며, 플레이어나 컬렉터에게 진정한 소유권이 있다. 유틸리티 토큰 SAND에는 게임 사용법이나 스테이크 유틸리티, 보수 시스템 말고도 분산화를 촉진하고 사용자가 플랫폼을 관리하도록 유도하는 거버넌스 메커니즘을 적용했다.

- 랜드 판매 : 지금까지 1만 명 이상의 이용자가 가상세계의 게임 플랫폼 안에서 자리를 얻었고, 더샌드박스는 3300만 달러 이상의 매출을 달성했다. 앞으로 더샌드박스의 메타버스 전체 가치는 5억 달러를 넘어설 전망이다.

- 거버넌스 : 일부 랜드 소유자는 다오 메커니즘을 통해 플랫폼의 의사결정에 참여할 수 있으며, 더샌드박스 생태계의 주요 요소에 투표권을 행사할 수 있다.

- 펀드 : 더샌드박스의 펀드는 더샌드박스의 건전한 운영 환경을 지원하며, 플랫폼에서 고품질의 콘텐츠나 게임을 제작하도록 장려하기 위해 조성한 자금을 제공한다. 펀드는 이미 50건 이상의 게임 프로젝트에 자금을 보냈고, NFT를 제작하는 아티스트 180명을 지원했다.

- 풍부한 경험을 보유한 팀 : 더샌드박스 팀은 4천만 이상의

다운로드를 기록한 모바일 게임을 개발했다. 팀원 중에는 게임 개발 경험자나 ERC-1155 NFT 토큰 규격의 정의를 공동으로 집필한 블록체인 기술자 등이 있다.

- 기업 간 파트너십 : 지금까지 더샌드박스의 플랫폼 사업에 동의한 개발 파트너사와 콘텐츠 파트너는 165곳을 훌쩍 넘는다. 파트너사로는 워킹데드The Walking Dead, 스머프Smurfs, 케어베어care Bears 등의 브랜드, 대퍼랩스(크립토키티) 등의 디앱 게임 스튜디오, 스퀘어에닉스(파이널 판타지, 툼레이더) 등의 투자사, 데드마우스deadmau5, 리치 호틴Richie Hawtin 등의 음악가, 아타리(롤러코스터 타이쿤, 퐁) 등의 상징적인 게임회사가 있다.

2017년부터 단계적으로 개발을 시작한 더샌드박스는 가장 먼저 콘텐츠를 확보하기 위한 베타버전 크리에이터용 제작 툴을 출시했고, 다음 단계로 이용자가 콘텐츠를 체험할 수 있도록 알파버전을 출시했다. 그리고 아티스트와 크리에이터, 플레이어 전체를 중심으로 UGC와 암호자산 생성 콘텐츠BGC를 융합했다. 플레이어가 만든 콘텐츠와 자사 IP로 제작한 콘텐츠는 모두 더샌드박스에서 개발한 콘텐츠 작성 툴을 이용해 만든다. 이 환경은 3D 복셀 기반의 게임 재료를 만들기 위한 NFT 빌더 '복스에딧', 아이템을 거래하기 위한 '마켓 플레이스', 코드를 적지 않고 완전한 게임

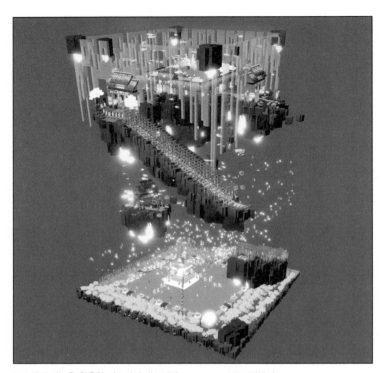

복스에딧 기능을 활용한 미스티컬 페스티벌Mystical Festival NFT 컬렉션

을 제작하기 위한 '게임메이커'라는 세 가지 주요 부문으로 구성
된다.

더샌드박스는 일부 오리지널 콘텐츠를 더샌드박스의 관리 아
래 제작하고 있다. 이는 프로 콘텐츠 제작 사례를 제시해서, 복셀
아트 제작자나 게임 개발자가 최적의 제작 툴 사용법을 이해하도

록 돕기 위해서다. 또한 새로운 플레이어가 수준 높은 모험에 발을 디디며 더샌드박스에 참여하기를 바라는 마음도 있다. 차원이 다른 콘텐츠를 메타버스에 제공하기 위해 약 50곳의 게임 스튜디오가 초기 단계부터 콘텐츠 제작에 참여하고 있다. 현재 더샌드박스와 더샌드박스의 관리 아래 콘텐츠를 개발하는 게임 스튜디오, 그리고 라이선스 IP를 기반으로 한 콘텐츠가 있다. 워킹데드와 같은 유명 IP가 랜드를 소유하고서 마니아 플레이어를 매료시키며 더샌드박스 전체의 가치와 인지도를 높이고 있다.

IP 파트너

더샌드박스는 지금까지 워킹데드, 스머프, 케어베어, 아타리, 크립토키티 등의 인기 IP와 데드마우스 등의 음악가를 포함한 165곳 이상의 주요 디지털 엔터테인먼트사와 IP 파트너십을 체결했다. 이들 브랜드는 더샌드박스 팀과 협력해서 자신들의 세계나 인기 캐릭터를 복셀로 구성해 더샌드박스의 랜드에 설치해두었는데, 이는 팬들이 더샌드박스나 메타버스를 알아가는 통로가 된다. 이렇듯 더샌드박스는 다방면에서 이용자를 메타버스의 세계로 안내하기 위해 파트너를 늘리고 있다.

더샌드박스가 지향하는 이상에 동의하는 IP에서는 인기 엔터테인먼트·프랜차이즈를 바탕으로 게임 안에서 이용하거나 수집할 수 있는 NFT 자산을 제작하고 판매한다. 게이머는 이 재료들

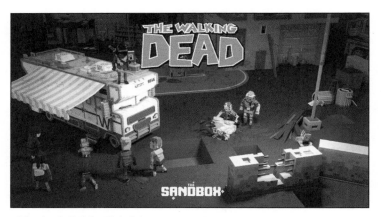

더샌드박스 속 워킹데드 화면 캡처

로 게임을 하거나 테마파크에서 사용하며, 이를테면 워킹데드의
역할 아바타로 구성된 오리지널 복셀 게임을 체험할 수 있다.

이 게임 속 자산인 NFT 중에는 이미 수집 아이템으로서 가치
가 높아진 것도 있다. 야구 트레이딩 카드처럼 일부 NFT는 독창
성, 배포 수량, 희소성, 그 밖에 개성 있는 속성들로 무장해 훨씬
높은 가치를 지니게 된다.

게임의 새로운 비즈니스모델

게임세계에서 초기 비즈니스모델은 플레이어가 게임을 구매하

고 나서 플레이하는 방식이었다. 그후에 무료로 게임을 깔아서 플레이하는 방식이 등장했고, 현재는 이 방식이 게임업계의 전체 수익 가운데 적어도 절반을 차지한다. 이렇게 우리는 플레이어가 초기 투자 없이 게임을 즐기는 세상에 살고 있다.

NFT와 블록체인 기술이 게임세계에 혁명을 일으키면서 게임세계에 P2E라는 새로운 비즈니스모델이 등장했고, 게임 제작자와 게이머가 모두 새로운 수입원을 얻게 되었다.

더샌드박스도 이 P2E 모델을 적용하고 있으며, 플레이어는 게임 안에서 다양한 미션을 수행하기 위해 쏟아 부은 시간을 가치로 바꿀 수 있다. P2E는 플레이어가 모아놓은 자산을 다른 플레이어나 제작자가 구매할 수 있는 순환경제 체제다. 아이템의 수요와 공급이 발생하여 금전적 가치를 따져서 아이템을 교환하면 플레이어에게 보수가 떨어진다. 즉, 플레이어는 자신의 놀이 시간을 수입 창출의 기회로 바꿀 수 있는 셈이다.

P2E 말고도 더샌드박스에서는 NFT 판매, 메타버스 속 가상부동산 판매, 대여 서비스 등을 통해 수입을 확보할 수 있다. 주요 수입원은 다음과 같다.

- 리소스 컬렉터/파머 : 더샌드박스의 마켓 플레이스에서 제작하거나 구매한 NFT를 판매한다.
- 가상 건축가 : 랜드에 건물이나 풍경을 제작해 판매한다.

- 큐레이터 : 다른 플레이어가 즐길 만한 콘텐츠를 찾아내서 리뷰 및 평가를 한다.
- 버추얼 리얼 이스테이트 에이전트 : 랜드 NFT의 매수자와 매도자를 이어주는 브로커로 활동한다.
- 이벤트 플래너 : 액티비티나 이벤트를 기획하고 추진하면서 입장료를 모은다.

또한 더샌드박스는 한 사람의 크리에이터가 순수한 자작 게임을 만들도록 돕는 유연한 플랫폼으로도 기능한다. 더불어 상급 창작자나 게임 스튜디오가 본격적인 게임 체험장, 테마파크, 미술관, 가상 콘서트, RPG 세계 등을 만들 수 있는 규모도 확보했다.

이렇듯 더샌드박스의 가능성은 무한하다. 지금까지 더샌드박스가 쌓은 실적은 다음과 같다.

- 랜드 주인이 1만 명 이상이다.
- 더샌드박스 게임메이커 펀드를 통해 450명의 아티스트와 54곳의 스튜디오를 지원하고 있다.
- 연간 25만~100만 달러를 투자해서 10명 이상 있는 자립한 게임 스튜디오의 스타트업을 지원한다.

NFT 게임이 도전해야 할 과제

NFT 기반의 게임은 플레이어나 게임 개발자, 브랜드에 따라 새로운 기회를 제공하지만, 세상을 개척하는 동안에는 규모가 커질수록 마찰이나 문제점도 발생한다. 가령 NFT나 메타버스의 가치를 최대한 활용하려면 비즈니스 생태계에 공헌하는 이용자 전체를 교육해야 한다. 이는 기존의 거의 모든 무료게임과는 완전히 차원이 다르다. 유료 플레이어가 한 자릿수 퍼센트에 머물기 때문에 이용자가 좀 더 많은 돈을 쓰도록 유도해야 수익도 높아지기 때문이다.

또 NFT가 제공하는 장점은 놀랍지만, 이용자를 매료시키고 이용자의 관심을 붙들기 위해서는 게임이 재미있어야 한다는 점을 잊어서는 안 된다. 물론 관련 법도 정비해야 한다. 블록체인 게임은 기존의 게임사업을 위협하는 존재가 아니다. 새로운 게임 비즈니스모델을 제공하는 초기 참여자는 건전한 비즈니스 환경을 제공해야 할뿐더러, 개발자나 파트너사가 제작한 체험과 플레이어가 UGC 콘텐츠로 제작한 체험을 결합해 플레이어에게 매력적인 체험을 제공하도록 힘써야 한다. 그러기 위해서는 높은 수준의 고유한 콘텐츠를 제작하고 크리에이터에게 영감을 주는 전략이 필요하며, 게임 스튜디오가 플랫폼을 개발하는 단계에서 전문성을 갖추도록 때로는 금전적인 지원도 해야 한다.

NFT는 현재 가상세계에서 생활, 일, 창작, 놀이, 수입 방식을 바꾸고 있다. 더샌드박스는 이용자가 완전히 해방된 디지털 경제를 실현하기를 꿈꾼다. 단순한 플랫폼 제공자이지만, 크리에이터가 제약 없이 활약하는 세계를 만들기 위해 온힘을 다해 밀어주고 있다.

블록체인 게임은 무에서 유를 창조하는 흥미진진한 혁명이라 믿는다.

NFT와 스포츠

NFT가 바꾸어놓을 스포츠계의 새로운 팬 문화

세계 최초의 팬 투표 앱 소시오스닷컴, 스포츠와 엔터테인먼트 플랫폼 용 디지털 통화 칠리즈 등을 배출한 스포츠 업계의 혁명가 알렉산드 레 드레이푸스가 가까운 미래에 일어날 수 있는 스포츠계의 혁신을 두고 모토기 유스케와 함께 이야기를 풀어놓았다.

알렉산드레 드레이푸스 ——————————————— Alexandre Dreyfus

소시오스닷컴Socios.com 및 칠리즈의 CEO다. 디지털 분야에서 25년 이상 경력을 쌓은 연쇄 창업자로서, 하이테크 비즈니스(통칭 테크 비즈니스)의 구축과 성장에 혁혁한 공을 세웠다. 1990년대 후반에 웹 기반의 양방향 관광 가이드인 '웹시티Web city'를 발표했다. 그후 프랑스 최대 온라인 포커룸인 위나맥스Winamax와 칠리포커Chilipoker를 공동 설립했고, 여러 기업을 인수합병해 미디어렉스 그룹Mediarex Group을 세웠다.

모토기 유스케 ——————————————————— 元木佑輔

6년에 걸쳐 해외 상품을 일본시장에 들여놓는 다리 역할을 하며 통·번역 사무소에서 프로젝트를 관리했고, 그후 일본에서 블록체인 및 암호자산 관련 업무를 다수 해결했다. 소시오스닷컴과 칠리즈에서 유일한 일본인이며, 축구와 음악 애호가로서 열정을 가지고 2019년부터 일본시장을 겨냥한 마케팅, 사업 개발, 국제 행사를 기획했다. 스포츠와 엔터테인먼트 분야에 블록체인 기술을 보급해 지역사회를 활성화할 방법을 연구하고 있다.

NFT는 단순한 돈벌이 수단이 아니다 ───

리오넬 메시Lionel Andres Messi는 팬이 아니더라도 누구나 한 번쯤 이름을 들어보았을 정도로 유명한 축구선수다. 그런 그가 스페인 FC 바르셀로나에서 파리 생제르맹 FC로 이적했다. 이때 계약금 일부를 암호자산(파리 생제르맹 공식 팬 토큰인 PSG)으로 받았다는 사실을 아는지? 암호자산과 블록체인 관련 기업들이 줄지어 축구 업계로 진출하면서 후원 계약을 맺고 있다.

그렇게 블록체인이나 암호자산이 새겨온 역사 속에서 탄생한 이른바 대체 불가능한 토큰인 NFT. 대퍼랩스에서 만든 NBA 톱샷이나 아티스트 보스로직BossLogic이 메시의 이미지로 만든 NFT 컬렉션인 메시버스The Messiverse 등을 비롯해 수집가들을 매료할 만한 새로운 상품이 세계적으로 엄청난 화제를 불러 모으고 있다.

이렇듯 스포츠 업계에서는 NFT로 만든 트레이딩 카드를 필두로 해서 선수들의 득점 장면이나 기량을 모아놓은 NBA 톱샷 같은 NFT가 큰 반향을 일으키며 전 세계 팬들에게 새로운 가치를 선보이고 있다. 기존의 종이로 만든 트레이딩 카드나 DVD, 비디오테이프vHs처럼 전용 기기가 있어야만 재생할 수 있었던 미디어와 달리, NFT는 희귀 아이템의 속성인 휴대하기 어렵다는 문제를 단숨에 해결한다고 해도 과언이 아니다. 덕분에 다양한 스포츠 분야에서 경기에 참여하는 단체나 개인은 전 세계를 무대로 NFT를 발행할 수 있다. 우리는 지금까지 틈새로만 존재했고 심지어 애호가나 시청자의 규모가 작았던 경기에까지 시선을 돌리고 관심을 높일 수 있다는 점을 잊어서는 안 된다.

제휴를 맺은 FC 바르셀로나의 홈구장인 캄프 누Camp Nou를 찾은 알렉산드레(필자)

NFT로 부의 패러다임을 바꾼 사람들

대표적인 스포츠 NFT

다행히 스포츠와 NFT는 호흡이 상당히 잘 맞는다. 전 세계 프로스포츠 리그에서는 수없이 많은 운동선수가 기량을 갈고닦으며 최정상을 향해 분투했고, 험난한 파도 속에서도 수많은 스타 선수를 배출해 전 세계 스포츠 팬들에게 감동을 선사해왔다. 프로선수들의 이런 면면을 아로새긴 트레이딩 카드는 국적을 가리지 않고 스포츠에 매진하는 청소년을 비롯해 나이를 먹어도 스포츠에 쏟는 열정이나 특정 팀과 선수를 향한 애정이 식을 줄 모르는 팬들의 손으로 하나하나 쌓아 올린 역사다.

소레어 Sorare

2018년 설립 당시부터 라이선스 계약을 꾸준히 늘려온 프랑스의 판타지 풋볼 게임 플랫폼인 소레어는 세계 주요 리그는 물론이고 주요 축구 팬들이 반길 만한 중소 규모의 팀과도 적극적으로 제휴를 발표하고 있다. 소레어 게임에서는 실제 시합 전적이 점수에 반영되는데, 마음에 드는 선수를 스카우트해서 꾸린 팀으로 다른 이용자와 상위 순위를 놓고 경기를 치른다. 이 단순하면서도 최첨단 기술을 적용한 신감각 카드 게임이 세계 이용자들에게 호평을 얻고 있다. 경기 성적에 따라 이더리움 등의 암호자산이나 희귀 카드를 제공하며 블록체인으로 관리하기에, NFT 각각

이 지닌 자산의 가치를 한눈에 파악할 수 있다는 점도 높이 평가할 만하다.

기존의 종이로 만든 트레이딩 카드에 익숙한 이용자부터 비교적 NFT 같은 신기술에 거부감이 적은 밀레니얼 세대까지, 이용자들은 축구에 대한 열정을 오롯이 게임 안에 녹여 순위 쟁탈전을 치른다. 상위권에 안착하면 보수를 받을 수 있다니, 소레어보다 시장을 더욱 확장할 프로젝트는 없지 않을까. 실물을 보유하는 데 큰 의미를 두었던 기존의 종이 트레이딩 카드와 달리, 네트워크 안에서 플레이어들과 경쟁하면서 보수도 챙길 수 있는 곳이 바로 소레어의 세계다. 그야말로 팬으로서 실리를 추구하는 신개념 오락 형태를 실현하는 데 NFT를 활용한 좋은 사례라 할 수 있다. 또

NFT로 부의 패러다임을 바꾼 사람들

한 K리그 소속의 모든 팀과도 제휴하고 있으므로 앞으로 한국 스포츠 NFT 시장에서도 가장 두각을 나타내는 존재가 될 것이다.

피낭시에 FiNANCiE

주로 일본 스포츠 팀 및 개인 토큰을 발행해서 신감각 크라우드 펀딩 플랫폼을 개발하는 피낭시에라는 기업이 있다. J리그에 소속된 프로팀이나 J리그를 목표로 활동하는 팀, 세계 리그에서 성공을 꿈꾸는 개인 선수 등 배경이 다양한 팀이나 개인이 피낭시에에서 독자적으로 토큰을 발행해 활동자금을 조달한다. 특히 눈에 띄는 예는 TV에서 2018년부터 52부작으로 방영한 〈캡틴 츠바사〉의 원작자인 다카하시 요이치高橋陽一가 축구 클럽 난카츠 SC南葛SC를 위해 발행한 팀 토큰이다. 피낭시에에서만 판매된 난카츠 SC 팀 토큰은 전체 4000만 엔(약 4억 2500만 원)이 넘는 매출을 올렸는데, 이는 피낭시에의 다른 어떤 파트너 팀보다 많이 모금된 금액이다.

이렇듯 토큰을 발행한 팀은 토큰 보유자에게 선수와 실제로 소통할 수 있는 교류 이벤트에 초대하거나 한정 굿즈를 선물하는 등의 특전을 제공한다. 동시에 SNS로 관람할 수 있는 활동 정보를 갱신하며 유니폼 디자인을 선정하는 등의 의사결정에 투표권을 행사할 수 있는 이벤트를 열어서 일본 전역으로 퍼져나갈 수 있는 새로운 형태의 팬 서비스를 구축하기 시작했다. 발행자에게

피낭시에 소개. "10억 명의 도전을 응원한다. 크리에이터 경제의 실현. 당신의 꿈이 모두의 재산이 된다."

는 새로운 수익원으로, 구매자에게는 새로운 응원 형태로써 팀 토큰이 존재감을 착실히 드러내고 있다고 할 수 있다.

칠리즈

이렇듯 축구업계에서 일정 정도 성공을 거둔 트레이딩 카드 문화를 새로운 형태로 전승하고 있는 소레어, 일본 스포츠 팀이나 개인의 새로운 브랜딩 및 크라우드 펀딩에 초점을 맞춘 피낭시에 같은 기업과 어깨를 나란히 하기 위해 칠리즈에서는 소시오스닷컴이라는 차세대 팬 마케팅 및 수익 배분 플랫폼을 개발했다.

NFT로 부의 패러다임을 바꾼 사람들

세계 최초로 '유벤투스 팬 토큰 어워드'에서 팬 토큰 상의 부상으로 디지털 통화를 받은 크리스티아누 호날두 선수

칠리즈는 2021년 8월 시점에서 FC 바르셀로나, 아스널 FC, 맨체스터 시티 FC, 유벤투스, 인터밀란(인테르나치오날레 밀라노의 통칭), AC 밀란 같은 세계 최상위 클래스의 축구팀을 비롯해 암호자산과 상당히 잘 어울리는 e스포츠* 구단, UFC 같은 세계 굴지의 종합격투기 단체와도 제휴를 맺었으며, 팀마다 독자적인 팬 토큰을 발행해서 지지자들에게 새로운 응원 방식을 제공하고 있다. 팬 토큰을 보유하면 팀에서 개최하는 공식 투표 이벤트에 참여할 수

★ 온라인으로 진행하는 컴퓨터 게임이나 스포츠

있고, 블록체인을 통해 팀 버스나 유니폼 디자인, 구호 선정에 의견을 제시할 수 있다. 투표에 블록체인을 응용함으로써 트위터나 페이스북에서 투표를 진행하거나, 이메일이나 서면 설문을 통해 의견을 수집하는 등의 과거 방식보다 훨씬 높은 투명성을 실현하는 데 성공했다.

칠리즈는 혁신적인 팬 마케팅 차원에서 다양한 서비스를 제공하고 있다. 바로, 여기저기 돌아다니며 포켓몬을 주워 담는 포켓몬고처럼 팬 토큰 등을 획득하는 증강현실Augmented reality, AR 기능 토큰 헌트, 팬 토큰 보유자에게만 제공하는 팀 공식 굿즈 할인 서비스, 시합 결과를 예측해 세계 지지자들과 상위 랭킹을 겨루며 굿즈 획득을 꿈꾸는 소시오스 프레딕터predictor나 리더보드Leader Board 등이다. 실제로 팬 토큰 보유자 중에는 추첨을 통해 구장을 탐방하거나 선수들과 실제로 소통할 수 있는 교류 이벤트에 당첨된 사람도 많다. FC 바르셀로나는 공식 팬 토큰인 BAR 보유자 가운데 당첨된 사람을 홈구장 캄프 누에 초대해 선수들이 시합할 때마다 밟는 경기장에서 축구를 즐기자는 캠페인을 개최하기도 했다. 이렇듯 아직 성장 단계이긴 하지만, 블록체인 기술과 기존 팬 서비스를 조합해 다듬어나가며 신선하면서도 친숙한 서비스를 구축하고 있다.

지금까지 설명한 내용이 내 식구 감싸기로 들릴 수도 있겠지만, 한번 손에 넣은 팬 토큰은 절대로 소멸하지 않는다는 점을 꼭

소시오스닷컴 앱의 메인 화면

가슴에 로고를 다는 스폰 계약을 체결하고서 클럽 공식 팬 토큰인 INTER가 프린트된 유니폼을 착용한 인터밀란 소속 선수

짚어두고 싶다. 투표에 참여하건 보수를 받건 앱 기능을 이용할 때 팬 토큰을 쓸 필요가 없다. 대개 연회비 제도를 적용하던 기존의 팬 토큰 구조와 달리, 국적이나 언어, 지리적 한계를 따지지 않고 누구나 애정을 쏟는 팀에 깊숙이 관여할 수 있으며 원하는 시간에 응원도 할 수 있다. 칠리즈는 이 구조를 바탕으로 해서 수동적인 팬 문화를 좀 더 능동적으로 끌어올리는 데 목표를 두고 있다. 지금까지는 거주하는 지역이 아니거나 거리가 멀어서 응원하는 해외 팀의 시합을 현지에서 관전할 수 없었던 수많은 스포츠 팬도 이제는 일상 속에서 응원하는 팀에 의견을 제출하고, 팀과 관련된 캠페인이나 이벤트에 참여하면 한정 굿즈를 받거나 선수

와 영상 통화를 나누는 등의 특별 혜택을 누릴 기회를 잡을 수 있다. 이렇듯 시대를 초월한 서비스 제공은 그야말로 스포츠 분야에서 새로운 팬 마케팅으로 기틀을 잡아갈 것이다.

칠리즈에서는 대체할 수 있는 팬 토큰과 별도로 대체 불가능한 디지털 수집품 개발에도 박차를 가하고 있다. 기존 팬 토큰과는 다른 구조로 발행할 이 디지털 수집품은 요컨대 일정 조건을 만족하면 더 높은 단계의 수집품을 받는데, 단계가 올라갈수록 보유 점수도 높아져서 받게 될 서비스 등급도 상향 조정되는 구조다. 기존 트레이딩 카드도 팬 토큰도 아니며, 이용자의 소유욕을 충족하되 NFT만의 특성을 살려서 보유할 때 생기는 장점을 선사하고 NFT와 현실세계를 연결하는 데 중점을 두고 있다.

공간에 의미를 불어넣지 못하면 NFT의 미래는 없다

여러 차례 언급했지만, NFT와 스포츠는 수많은 비즈니스 분야 중에서도 특히 시너지가 좋다고들 한다. 그러니 얼마나 많은 NFT가 넘쳐 흐르겠는가. 전 세계에 보급된 인터넷망은 팀이나 선수들의 동향을 세상에 훨씬 수월하게 전파하도록 길을 터주었다. 팬들이 도대체 무슨 생각을 하는지, 어떤 심정으로 응원하는지, 어느

NFT로 부의 패러다임을 바꾼 사람들

순간에 마음을 돌리는지와 같은 개개인의 감정이나 반응을 파악하기도 쉬워졌고, 그런 정보가 자국뿐 아니라 전 세계에서 끊임없이 흘러 들어온다. 우리는 인류 역사상 가장 정보가 넘치는 시대에 살고 있으며, 이는 이용 요구에 응답하기 쉬워졌다고 해석할 수도 있다.

스포츠 분야에서 NFT의 커다란 가능성 중 하나는 가상현실Virtual Reality, VR이라 할 수 있다. 가령 온라인 게임 세상에서는 특정 아이템을 가지고 있지 않으면 효력을 발휘하지 못하는 기술이나 접속하지 못하는 구역이 있는데, 앞으로 이런 흐름은 거의 확실하게 스포츠 세계에도 찾아올 것이다. 게이머들이 친구와 온라인 공간에서 만나 같은 시간에 게임을 즐기듯이, 스포츠 팬끼리 VR 장치를 이용해 가상의 공간에서 만나고 가상의 구장에서 마치 현지에서 관전하는 것처럼 시합을 즐기는 시대가 반드시 도래할 것이다. 그럴 때 사용할 수 있는 티켓이나 연간 패스포트에 NFT 기술을 활용하면 고객관리가 쉬워지고 이용자끼리 주고받을 수도 있을 것이다. 즉, NFT와 VR, 그리고 현실공간을 절묘하게 조합하면 스포츠 업계에서 NFT는 폭발적으로 성장할 것이며, 시장 규모도 어마어마하게 확장될 것이다.

너무 앞서간 것 아니냐는 시각도 있겠지만, 그런 시대는 분명히 온다. 전화기가 휴대전화로 바뀌고 또다시 스마트폰으로 바뀌었듯, 우리가 살아가는 세상은 이 순간에도 조금씩 변화하고 있고 우리도 그 변화를 여러 방면으로 수용하며 바뀌고 있다. NFT는 미래 인간사회에서 빼놓을 수 없는 존재가 될 것이다.

스포츠 업계가 팬 문화를 깊이 이해하고 가능한 많은 사람을 만족시키려면 어떤 NFT가 필요할까. 이 질문은 모든 NFT 프로젝트가 밑바닥에 깔고 있는 숙제다. 단언컨대, 세계는 아직 NFT를 완전히 받아들일 준비가 되어 있지 않다. 그러나 아무리 인간이 변화를 거부한다 한들, 인류는 종합적으로 더욱 편리한 사회를 갈구하며 역사를 새겨갈 것이다. 그런 미래를 실현하기 위해서는 먼저 출발한 우리가 솔선해서 길을 닦아놓아야 한다.

이용자 교육과 브랜드 인지도 강화의 중요성

붐을 일으키기는 했으나, 여전히 많은 사람의 머릿속에 물음표만 잔뜩 떠오르는 생소한 세계가 블록체인이다. 시대를 바꾼다 해도 이 새로운 기술 위에서만 성립하는 NFT가 대중 속으로 깊이 파고들려면 어느 정도 시간과 교육이 필요하다. 주로 형태를 갖춘 실물에서 소유하는 의미나 자산 가치를 찾던 인류가 비록 고유하기는 하지만 네트워크 안에만 존재하고 대부분 실물로는 만지지도 못하는 NFT에서 희소성이나 보유 가치를 찾아낼 수 있을까.

그런 가치를 인정할 만한 세상을 기대하기에는 여전히 불확실한 요소가 많다고 할 수밖에 없다. 또 NFT에 관한 지식이나 정보만 알고 있으면 누구나 NFT를 발행할 수 있기에 쉬운 접근성이 장점이지만, 이것을 악용한 모조품이나 유사품의 발생을 막기 위한 적절한 플랫폼 및 대책이 마련되어야 할 것이다. 전설적인 야구선수가 은퇴 시합에서 사용한 사인 배트, 인기 선수가 데뷔전에서 착용한 유니폼 등은 열성 팬이라면 누구나 정신을 못 차릴 정도로 소장 욕구가 끓어오르는 아이템이긴 하지만, 어디까지나 실제로 만지고 보유할 수 있는 실물로서 가치를 지니기에 소유욕이 충족되는 것이다. 이 지점은 스포츠만이 아닌 다양한 분야에서 앞으로 개발하고 발행할 모든 NFT에 해당하는 문제다.

즉, 스포츠 업계 전체로 NFT가 침투하기 위해서는 발 빠르게 새로운 서비스를 구축하는 일도 중요하지만, 티끌처럼 차곡차곡 쌓여갈 수많은 스포츠 NFT 중에서 기업들은 명확하게 차별화를 꾀하고 주 고객이 될 이용자를 지속적으로 교육해야 한다고 생각한다. 업계 전체는 이용자가 ①안심하고 구매할 수 있고 ②NFT가 지닌 가치나 편리성을 이해하며 ③NFT를 소유함으로써 지금까지 해보지 못한 경험이나 체험을 할 수 있는 새로운 단계로 한 걸음 더 나아가야 한다.

더불어 잊어서는 안 될 점은 NFT의 종합적인 브랜드 인지도를 강화하는 일이다. 나이키 조던 레트로 운동화가 마니아들에게 큰 사랑을 받는 이유는 그 상품이 단순한 운동화가 아니라 그 이상의 가치를 지녔다는 공통된 대중의 인식, 즉 브랜드 인지도가 확고하게 서 있기 때문이다. 피카소의 그림 역시 피카소의 인지도 때문에 자산 가치를 지니는 것이다. NBA 톱샷도 마찬가지로 NBA라는 거대한 브랜드의 힘이 있기에 그 생태계 안에서 발행되는 NFT가 강력한 가치를 발휘하며 이용자들 사이에서 암묵적인 용인을 얻는 것이다.

기존의 실물 상품이나 아이템에는 없는 NFT만의 장점을 어떻게 살려서 일반 스포츠 팬의 일상 속으로 들어갈 것인가, 수많은 NFT 중에서 확고한 브랜드 인지도를 어떻게 키울 것인가를 고민하는 자세야말로 스포츠 NFT를 대세가 되도록 이끌 것이며, 앞으로 동종업계에 큰 관심을 불러 모을 것이다.

글을 마치며

칠리즈는 전 세계 팬들이 스포츠 팀을 더욱 가까이 느끼도록, 그리고 전 세계 스포츠 팬이 만들어내고 그 안에서 독자적인 생태계를 확고히 구축한 스포츠가 새로운 미래를 개척할 수 있도록 나날이 연구에 몰두하고 있다. 모든 것이 현기증 날 정도로 급격하게 변화하는 21세기, 그리고 세계를 공포에 떨게 하는 팬데믹

NFT로 부의 패러다임을 바꾼 사람들

이 위세를 떨구지 않는 와중에도 우리는 한 팀이라도 더 많은 스포츠 팀과 한 명이라도 더 많은 선수, 한 사람이라도 더 많은 팬을 지원하기 위해 멈추지 않고 걸어나갈 것이다.

NFT와 블록체인은 아직 대중 속으로 녹아들지 못했다. 하지만 전 세계가 경험하지 못한 새로운 시대가 열렸으며, 우리는 아직 그 출발점에 서 있을 뿐이다.

종이는 가라!
NFT로 바뀐 차세대
트레이딩 카드

NBA를 시작으로 세계에서 유행한 NFT 트레이딩 카드. 일본에서도 NFT와 스포츠의 조합 말고도 아이돌과 연계한 형태로 팬들 사이에서 퍼져나가고 있다. 일본에서 NFT 트레이딩 카드 사업을 이끌어가는 코인북 대표인 오쿠아키 준이 풀어야 할 과제와 미래를 설명한다.

오쿠아키 준 ——————————————————— 奧秋淳

조치대학교 경제학부를 졸업하고 다이이치칸교第—勸業은행에 입사했다. 금융기관 및 경영 컨설팅 회사에서 다양한 업종에 종사하는 고객들을 상담했으며, 2018년 11월 코인북에 합류했다. 2020년 10월 일본에서는 아직 낯선 NFT를 아이돌 트레이딩 카드 형태로 일반에 발매했다. 2021년 4월에는 암호자산 교환업으로도 상표를 등록했다. "블록체인 시장에 새로운 바람을" 이라는 모토 아래 NFT와 스테인드글라스를 결합한 새로운 경제망 형성을 목표로 매진하고 있다.

트레이딩 카드 업계에서 NFT의 역할 ──────

2020년 흥행이 시작된 NFT의 기세를 이어받아, 기존에는 주로 종이로 만든 카드를 판매하거나 유통했던 트레이딩 카드 업계에도 NFT의 바람이 불고 있다. 실물 카드를 다루던 이탈리아의 파니니그룹Panini S.p.A, 미국의 탑스 컴퍼니The Topps Company 등도 2019년 즈음부터 NFT의 가능성에 주목하며 참여를 발표했고, 현재는 NBA, MLB, NFL의 스포츠 카드를 NFT로 발행해서 판매하고 있다. 또 캐나다의 대퍼랩스에서 운영하는 NBA 톱샷은 NFT 자체의 인지도를 급속히 끌어올리며 경제적으로도 대성공을 거두었고, 이에 영향을 받은 사업자들이 너 나 할 것 없이 NFT 트레이딩 카드 업계에 발을 들이기 시작했다.

이렇듯 NFT 트레이딩 카드가 미국을 중심으로 세계에서 주목을 받는 동안, 일본에서도 2020년 후반부터 비슷한 확장세를 보

였으며 해외에서 유행하는 NFT와 스포츠의 조합 말고도 NFT와
아이돌을 연계해 소비자에게 접근하고 있다. 이 트레이딩 카드를
판매하고 교환하는 공간도 늘고 있으며, 오픈씨나 왁스, 코인체크
NFT, 나나쿠사 등 많은 기업이 참여하고 있다.

대표적인 NFT 트레이딩 카드 서비스

NBA 톱샷

NFT 트레이딩 카드로서 최대 성과를 올린 NBA 톱샷은 2020년
10월에 대퍼랩스에서 시작한 서비스다. 미국의 프로농구 리그
NBA의 경기 하이라이트나 선수들의 면면을 영상에 담아 NFT 트
레이딩 카드로 발매했다. 이 서비스에서는 트레이딩 카드 하나하
나를 모멘츠MOMENTS라고 하는데, 이 안에 선수들의 경기 동영상
이 기록되어 있어 이용자가 그것을 구해서 감상할 수도 있다.
NBA 톱샷 사이트에서는 카드 팩을 구매하는 데에서 끝나지 않고
한 번에 다양한 서비스를 이용할 수 있다. 자신이 소유한 카드를
판매하거나 다른 이용자가 소유한 카드를 구매할 수 있는 마켓
플레이스와, 자신이 소유한 카드를 다른 이용자에게 보여주거나
이용자끼리 소통할 수 있는 커뮤니티가 존재한다.

독자적으로 개발한 플로우라는 블록체인에서 운영되는 NBA

출처: NBA 톱샷 공식 홈페이지

톱샷은 발매 후 반년 남짓한 기간에 7억 달러(약 8348억 원)의 매출을 올리며 많은 이용자를 사로잡았다. NBA 자체가 지닌 콘텐츠의 힘이 가장 크게 작용했겠지만, NFT나 블록체인과 같은 전문용어를 전면에 내세우지 않고 사이트 안에서 한 번에 2차 판매까지 가능하도록 해서 이용자에게 편리한 환경을 구축했다. 이런 접근 방법으로 암호자산이나 블록체인을 잘 모르는 사람들까지 포섭할 수 있었기에 대성공을 거둔 것 같다.

2021 탑스 시리즈 1 베이스볼 NFT

2021 탑스 시리즈 1 베이스볼 NFT는 실물 트레이딩 카드를 전문으로 취급해온 굵직한 기업인 탑스 컴퍼니에서 운영하는 NFT 트레이딩 카드 서비스다. 탑스 컴퍼니는 2020년 5월에 NFT에 특화한 블록체인 왁스WAX를 이용해 '가비지 페일 키즈Garbage Pail Kids' 라는 고유 캐릭터로 NFT 트레이딩 카드를 발매하면서 NFT 사업

출처: 탑스 시리즈 1 NFT 컬렉션 공식 홈페이지

에 참여했다. 그후 2021년 4월에 미국 메이저리그 베이스볼MLB 을 주제로 2021 탑스 시리즈 1 베이스볼 NFT를 발매했다. 메이 저리그의 공식 트레이딩 카드 판매권을 소유하고 오랜 기간에 걸 쳐 종이로 만든 야구 카드를 판매해온 탑스 컴퍼니가 NFT 트레 이딩 카드 사업에 본격적으로 참여했다는 사실은 대중에게 NFT 를 새로운 자산으로 각인하는 크나큰 계기가 될 것이다.

NFT 트레카

NFT 트레카는 코인북에서 발행하는 디지털 트레이딩 카드다. 2020년 10월 아이돌 그룹 에스케이이 포티에잇SKE48의 라이브 공연 동영상을 NFT로 만들어 발매했다. 지금까지 트레이딩 카드 로 만든 적이 없던 콘서트 현장의 생생한 영상에 콘서트 제목과 곡명 등의 정보를 함께 담아 NFT로 만들었다. 또한 블록체인 게 임인 크립토스펠과 협업해, 이용자가 본인 소유의 NFT 트레카를

NFT로 부의 패러다임을 바꾼 사람들

일본 NFT 트레카의 카드 이미지

크립토스펠에서 카드 배틀에 사용할 수 있도록 해서 기존의 종이 트레이딩 카드에는 없던 부가가치를 창출했다. 다섯 장에 1000엔(약 1만 1000원)부터 시작하는 NFT 트레카는 낮게 책정된 판매가격에 비해 비싼 블록체인의 네트워크 수수료(가스비) 부담을 줄이기 위해 이더리움이나 SBINFT사에서 개발한 고베이스GOBASE 중 한 곳에 데이터를 보존하므로, 이용자는 필요에 따라 사양을 선택하면 된다.

베비메탈 NFT 트레이딩 카드

베비메탈 NFT 트레이딩 카드는 일본 걸그룹 베비메탈이 발매한 NFT 트레이딩 카드다. 2021년 5월에 결성 10주년을 기념해 총 10종류의 NFT 트레이딩 카드와 아날로그 베스트 앨범을 묶어 1000세트만 한정 판매했다. NFT와 실물 상품을 조합하면 실물 상품을 구매하는 특전으로 NFT 트레이딩 카드를 배포하는 등 다

출처: 베비메탈 10주년 NFT 트레이딩 카드 판매 특전 사이트(판매 종료)

양한 활용법을 기대할 수 있어, NFT를 널리 알리는 유용한 방식
이 될 것이다.

이용자와 권리자를 위한 시스템

실물 트레이딩 카드는 늘 훼손이라는 물리적인 문제를 안고 가
야 하지만, NFT는 디지털 데이터이므로 판매된 시점부터 선명한
사진이나 동영상을 영구적으로 감상할 수 있는 장점이 있다. 또한
물건 자체의 도난이나 위조의 위험성도 NFT라면 거래될 때마다
블록체인에 이력이 기록되어 진정성이 담보되므로 급격하게 줄
어드는 이점이 있다.

NFT 트레이딩 카드에는 카드마다 고유한 데이터가 있으므로,

NFT로 부의 패러다임을 바꾼 사람들

디지털 데이터이면서도 한 장 한 장에 특별한 가치가 깃든다. 그 특징을 활용하면 지금껏 트레이딩 카드에서 실현하기 어려웠던 부가가치도 제공할 수 있다. 가령, 개개인이 보유한 NFT 트레이딩 카드를 콘서트나 행사의 입장권으로 활용한다거나 특정 NFT 트레이딩 카드 보유자를 위한 이벤트를 개최해서 체험과 연결해도 된다. 또 블록체인의 호환성을 이용해 마음에 드는 NFT 트레이딩 카드를 완전히 다른 게임에서 아이템으로 사용하거나 여러 개의 NFT 트레이딩 카드를 조합해서 새로운 카드를 만드는 등, NFT라서 가능한 새로운 이용 기회를 제공할 수도 있다.

트레이딩 카드의 디지털화는 지식재산권자에게도 이득을 준다. 실물 카드는 소유자가 직접 판매하거나 교환해야 했고, 또 재판매하려면 옥션이나 중고시장을 거쳐야 했으므로 권리자가 2차 유통으로 발생하는 로열티를 받기 어려운 상황이 흔히 발생했다. 하지만 NFT 트레이딩 카드는 2차 유통 거래를 관리할 수 있으므로, 이용자 간 판매를 통해 얻는 수수료 일부를 지식재산권자에게 비교적 간단하게 환원할 수 있다. 새로운 수익을 확보할 기회이니만큼, 앞으로 다양한 지식재산권자가 NFT 비즈니스에 참여하기를 기대한다.

자신이 소유한 컬렉션을 다른 수집가에게 자랑하는 체험도 트레이딩 카드의 묘미 중 하나다. 공식적으로 판매된 정품을 소유했다고 증빙하는 차원 말고도 한정 수량으로 판매된 것이나 인기가 오르기 전 초창기에 판매된 것, 특정 인물이 소유하던 것 등 이른바 희귀 카드를 온 세상 컬렉터에게 뽐낼 기회도 되고, 자신이 갖고 싶은 카드를 소유한 다른 컬렉터와 직접 흥정할 수도 있다. 고유한 정보에다 거래 이력까지 기록되는 NFT의 특징을 살린 NFT 트레이딩 카드만의 재미는 앞으로 더욱더 늘어날 것이다.

NFT 트레이딩 카드의 전망

NFT 트레이딩 카드가 흥행 가도를 달리고 있기는 하지만, 이제 갓 걸음마를 뗀 단계라서 아직 넘어야 할 산도 높다.

NFT는 블록체인 기술을 이용하기 때문에 구매하거나 매각할 때 대부분 가스비 명목으로 암호자산을 지급해야 하고, NFT 트레이딩 카드를 보유하려면 지갑 주소가 필요해서 비밀키도 관리해야 한다. 실물 카드에는 필요 없던 지식도 알아야 하고 진행 과정도 복잡해서 일반 이용자를 대규모로 유치하려면 여전히 방안을 강구해야 한다.

또한 NFT 트레이딩 카드를 발행하거나 옮길 때 지급해야 하는 가스비 액수를 어떻게 줄이는가도 과제다. 실물 카드는 한 장당 100엔부터 가격대가 형성되어 있어 비교적 저가로 즐길 수 있는 상품이다. 반면 특수한 카드에는 거액이 붙기도 하는 NFT 트레이딩 카드를 대중에게 보급하려면 이용자가 손쉽게 구매할 수 있는 가격대여야 할 것이다. 현재 대세인 이더리움을 이용한 NFT 중 몇천 원짜리 상품은 단가 대비 가스비 비율이 높고 금액을 조정하기도 어렵다. 그래서 가스비를 소화하기 어려운 저렴한 상품은 판매할 엄두를 내지 못하는 터라, 일반 대중에게 보급하려면 시간이 걸릴 것이다. 일각에서는 이더리움 이외에 플로우나 왁스 등 NFT에 특화한 체인을 활용해서 가스비를 없애고자 하는 적극적인 움직임도 보인다.

NFT 트레이딩 카드는 NFT 자체가 안고 있는 문제도 해결해야 한다. 소유자가 아닌 사람에게도 그림이 공개된다는 점, 운영 회사에서 서비스를 정지하면 본인이 소유했던 콘텐츠에 접속하지 못한다는 점, NFT가 결제 수단으로 변질될 수도 있다는 점 등이 당면 과제다.

한편으로는 이용자가 서비스를 더욱 편리하게 사용하도록 다양한 기술 개발도 추진하고 있으므로, 앞으로 NFT와 관련한 기술 혁신이 NFT 트레이딩 카드의 활발한 보급을 촉진하리라고 생각한다.

NFT가 실현한
디지털 패션의
새로운 표현 방식과 전망

패션은 NFT와 호흡이 잘 맞는 또 하나의 분야로, 세계 유명 브랜드들이 미술, 메타버스 등과 연계해 다양한 방식을 선보이고 있다. 디지털 패션으로 새로운 가치를 창출하는 조이파의 공동창업자 겸 CEO인 히라테 고지로가 패션 분야의 트렌드를 설명한다.

히라테 고지로 ─────────────────────────────── 平手宏志朗

조이파 CEO. 미국에서 대학교를 졸업하고, 여러 벤처기업에서 신규 사업을 일으키는 데 일조했다. 2017년부터 블록체인 사업에 뛰어들었으며, 데이터 관리 및 증권 거래, 에너지 거래 분야에서 블록체인 프로젝트를 이끌었다. 2020년 4월 NFT와 엔터테인먼트를 결합한 회사인 엔진Enjin에 합류해 자사에서 발행하는 암호자산 상장이나 국내외 기업과 사업 제휴를 추진했으며, 2021년 5월에 조이파를 창업했다.

NFT는 패션의 새로운 개척지 ────────

　패션은 석유산업 다음으로 환경을 위협하는 업종으로, 이산화
탄소 배출량이 지구 전체의 10퍼센트, 전체 폐기량의 20퍼센트를
차지한다고 한다. 그런 면에서 디지털 안에만 존재하는 패션은 물
질 상품을 생산할 필요가 없어 친환경적이고 더욱 창의적인 표현
이 가능하므로, 유럽 브랜드나 신생기업에서 관심을 보이고 있다.
여기에 NFT 시스템이 도입되어 진위성이나 희소성을 증명할 길
이 열렸고, 다른 이용자와 쉽게 거래할 수 있는 장점까지 있다고
한다. 세계 경제 전문 정보지《블룸버그》는 이 NFT와 패션이 결
합한 분야를 "패션의 차세대 개척지"라고 표현했다.

　이번 장에서는 NFT와 패션의 활용 사례를 미술, 메타버스, 가
상의류, 실물이라는 네 가지 항목으로 나누어 소개한다.

미술과 패션 NFT

2021년 들어 급속하게 팽창한 NFT 미술시장에 발맞춰 일부 패션 브랜드에서는 사진이나 동영상으로 자사 브랜드의 세계관을 표현한 NFT를 발행하고 판매까지 했다. 가장 유명한 사례가 구찌에서 발행한 동영상 NFT다.

이 동영상에서는 우선 거대한 푸른 문이 열린다. 건물 안에서 드레스를 입은 여성이 나타나면 백마가 여성에게 달려오는데, 이 장면이 네 차례 재생된다. 구찌는 이 동영상을 통해 부활을 꿈꾸는 보편된 욕구, 겨울이 지나면 꽃이 피고 새로운 생명이 탄생하는 번영을 향한 열망, 그리고 문이 열리면서 어둠이 빛과 희망의 공기로 바뀌는 모습을 표현했다고 설명한다.

이 NFT는 세계적인 경매 사이트인 크리스티에서 판매되었는데 2만 5000달러(약 2900만 원)에 낙찰되었다. 구찌는 판매 수익금을 코로나19 백신의 공평한 공급을 위해 유니세프에 기부했다고 발표했다.

또한 게임 속에서 NFT 아트를 배포하는 사례도 나온다. 루이비통은 2021년 8월 4일에 창업자의 생일 200주년을 기념해 모바일 게임 '루이 더 게임Louis The Game'을 출시했다. 이 게임은 루이비통의 마스코트인 비비엔이 전 세계에 흩어진 양초를 모으며 여행하는 콘셉트로, 도중에 골드티켓이라는 아이템을 획득하면 루이비통에서 발행하는 NFT 아트의 추첨 심사에 응모할 수 있다. NFT는 모두 300종류이며, 이 중 10종은 유명한 NFT 아티스트인 비플이 제작했다.

출처: 크리스티 경매에 출품된 구찌 NFT(EST. 1921)

메타버스와 패션 NFT ─────────────

다음으로, 메타버스에서 플레이하는 아바타에게 소장한 NFT 패션을 입히는 시스템도 확장하고 있다. 이더리움을 이용하는 분산형 메타버스인 디센트럴랜드가 이 분야에서 단연 독보적이다. 우선 이용자는 마켓 플레이스에서 메타버스 서비스에 대응하는 NFT를 구매한다. 그 후 디센트럴랜드에 로그인해 백팩 페이지에서 구매한 NFT를 선택하면 아바타에게 NFT 패션을 입힐 수 있다. 또 디센트럴랜드 위원회에서 승인을 받으면 메타버스 안에서 이용할 옷을 외부 회사에서 제작 및 판매할 수도 있다. 일본에서는 3D 패션 브랜드인 너티드NauGhtEd*가 메타버스 서비스에 대응하는 패션 NFT를 제작하고 있다.

미국의 아바타 개발 신생기업인 지니스Genies도 해당 분야로 진출하는 데 적극적이다. 이용자는 지니스 앱에서 NFT 패션을 이용해, 페이스북 메신저나 왓츠앱WhatsApp과 같은 서비스에서 프로필로 쓸 수 있는 독창적인 아바타를 제작할 수 있다. 한국의 네이버 제트에서 만든 제페토ZEPETO 역시 3D 아바타를 이용해 전 세계에서 친구를 만들어 소통하며 가상세계를 경험할 수 있는 대표적인

★ NFT로 인해 데이터 가치가 'naught(제로)'였던 시대는 이제 'ed(과거)'가 되었다는 뜻이다.

메타버스 플랫폼이다.

명품 패션 브랜드에서 NFT를 발행해 독자적인 메타버스 서비스를 제공하는 사례도 속속 나오고 있다. 버버리는 블록체인 게임인 '블랭코스 블록파티Blankos Block Party' 안에서 이용할 수 있는 상어 형상의 NFT 아바타 샤키 BSharky B를 출시했다. 750매 한정 수량으로 발행된 샤키 B는 하나당 299달러(약 36만 원)로 고가인데도 판매 시작 30초 만에 매진되었다.

블랭코스 블록파티에서 이용할 수 있는 버버리 아바타 NFT
출처: 샤키 B

가상의류와 패션 NFT

세 번째는 디지털 안에만 존재하는 패션을 NFT로 발행해서 소유자가 그 패션을 실제로 입은 듯이 사진으로 표현하는 방식이다. 이용자는 먼저 디지털 패션 NFT를 구매한 다음, NFT 발행회사의 서비스에 로그인해서 자기 모습이 찍힌 사진을 올린다. 그러면 며칠 안에 디지털 패션과 합성된 사진이 이용자에게 전송된다. 이용자는 그 사진을 소셜미디어에 공유하면 된다.

이 서비스를 최초로 시도한 기업은 네덜란드에서 디지털 패션을 제작·판매하는 더 패브리컨트The Fabricant다. 이 회사는 2019년에 플로우 및 크립토키티를 개발·운영하는 대퍼랩스와 제휴해 가상세계에서 착용할 수 있는 이리데센스 드레스Iridescence Dress를 NFT로 판매했고, 당시로서는 고가인 9500달러(약 1133만 원)에 낙찰되었다.

가상의류를 제작해서 판매하는 트리뷰트 브랜드Tribute-Brand도 룩소LUKSO라는 패션 디자인 전용 블록체인에서 인기 프로게임단인 닌자스 인 파자마스Ninjas in Pyjamas, NiP(닙)의 디지털 티셔츠를 NFT로 만들어 판매했다. 이용자가 트리뷰트 브랜드 홈페이지에서 원하는 의상을 고른 후에 자신의 사진을 전송하면, 이 티셔츠를 실제로 입은 것 같은 효과가 나타난다.

일본에서는 필자가 대표로 있는 조이파에서 NFT로 만든 디지털 패션을 사진 주인공에게 자동으로 입혀주는 시스템을 개발하고 있다. NFT 프로젝트 제1탄으로, 모델 에이전시이자 연예기획사인 스페이스 크래프트Space Craft에서 소속 모델인 히로세 미카広瀬未花가 디자인한 옷의 스케치를 바탕으로 3D 디지털 패션을 제작했다. 블록체인에서 NFT로 발행한 이 디지털 패션은 2021년 11월 5일 영국의 대형 NFT 마켓 플레이스인 노운오리진KnownOrigin에서 판매되었다. 이 NFT를 소유한 사람은 조이파에서 제공하는 서비스를 이용해 본인 사진에 디지털 패션을 입힐 수 있도록 되었다.

출처: 이리데센스 드레스

실물과 패션 NFT

2021년 12월에 나이키에서 인수한 미국의 메타버스 플랫폼인 아티팩트는 가상 스니커즈 NFT 컬렉션을 발행 및 판매하고, 동시에 소유자에게 실물 스니커즈도 배포했다.

또한 페오Fewo 또는 푸오셔스Fewocious라는 이름으로 활동하는 19세의 NFT 아티스트와 협업한 프로젝트에서는 NFT 작품을 판매한 후 6주가 지나면 NFT 소유자가 아티팩트의 특설 사이트에서 현물 스니커즈를 신청할 수 있다. NFT 하나당 한 번만 신청할 수 있지만, 신청 후에도 NFT를 계속 보유하거나 시장에 유통할 수 있다.

이 밖에도 돌체앤가바나는 NFT 컬렉션인 콜레지오네 제네시Collezione Genesi를 발표했다. 아홉 장 발행되는 NFT 중 다섯 장은 실물과 디지털에 모두 대응하도록 만들었다.

일본에서는 코스튬과 웨딩드레스 디자이너로 활동하는 토모 고이즈미Tomo Koizumi가 대형 암호자산 거래소인 코인체크 및 조이파와 체결한 협약을 발표했다. 이 협약에 따르면 메타버스 및 가상의류와 패션을 결합하고, 나아가 실물 드레스의 소유권을 NFT로 발행해 시장에 유통할 예정이다. NFT를 활용한 그의 시도는 일본 패션 디자이너로서는 최초다.

패션 NFT가 안고 있는 과제 중 가장 빈번하게 거론되는 문제

토모 고이즈미가 디자인한 드레스를
바탕으로 제작한 디지털 패션 샘플

코스튬 디자이너 토모 고이즈미

는 환경오염이다. 대중의 환경의식이 높아지면서 가상공간에서 패션을 표현하는 방식에 관심이 집중되기는 했으나, 한편으로 NFT를 발행하거나 유통하려면 많은 전력이 필요하다는 모순이 발생한다. 이더리움을 업그레이드하거나 플로우, 폴카닷과 같은 전력 소비를 억제한 신흥 블록체인이 보급되기를 기대한다.

다른 분야와 마찬가지로 패션 NFT의 구매자는 블록체인에 관한 지식을 갖춘 사람들이 대부분이고, 패션을 좋아하는 일반 대중이 구매하기에는 시스템이 조금 까다롭다. 더욱 많은 사람이 패션 NFT를 즐기려면 이용자에게 유리한 환경으로 간소화할 필요가 있다.

NFT가 창출한
새로운 체험 가치,
소유

여기저기서 NFT와 음악을 조합한 수많은 사례, 그리고 음악시장에서
NFT가 창출하는 가능성과 새로운 체험 가치를 바라보며, 음악을 NFT
로 판매하는 기업인 더 NFT 레코드의 대표 가미나 히데키가 음악가
들의 새로운 시도와 장래성을 두고 견해를 밝혔다.

가미나 히데키 ——————————————— 神名秀紀

음악 전용 NFT 마켓 플레이스인 클레이오의 대표로, 게이오기주쿠대학교 이공학부를 졸업했다. 이매지니어, 사쿠라게이트 등의 기업 임원을 거쳐 2019년 클레이오를 설립했다. 프로듀서로서 비디오 게임과 온라인 게임, 온라인 베팅iGaming, 커뮤니티 등 여러 분야의 서비스를 개발했다. 틀에 얽매이지 않는 파격적인 마케팅과 독창적인 기획이 특장점이다.

정기구독 이후를 내다보는 음악업계

　팬데믹은 음악시장에까지 엄청난 파급력과 변화를 몰고 왔다. 수많은 국가에서 감염 확대 방지책을 시행해 대규모 음악 축제를 포함한 행사와 라이브 공연을 진행하기 어려운 시국을 틈타, 정기구독(서브스크립션subscription)을 통한 음악 수요가 늘었다.

　최근 음악산업을 살펴보면, 정기구독을 통해 음악에 접속하는 서비스가 지속적으로 확대되면서 음악시장을 이끌고 있다. 반면, 에디슨이 1877년에 발명한 축음기에서 시작해 녹음 원반을 레코드나 CD 등에 저장하고 이것을 구매한 팬이 음악을 소유하는 실물 형태의 매출은 42억 달러(4.7퍼센트 감소)로 줄었다.

　국제음반산업협회의 보고에 따르면 팬데믹의 여파로 스포티파이, 아마존, 애플뮤직 등에서 정기구독 서비스 이용률이 상승했고, 전 세계에서 음악 수익은 2020년 대비 7.4퍼센트 증가했다. 총 매출은 216억 달러(약 25조 7400억 원)에 달하며, 6년째 연속 성장하고 있다. 국가별 음악시장 규모를 보면 1위인 미국에 이어 일본, 영국, 독일, 프랑스, 한국이 순위권에 들었다. 아시아 전체 음악 수익은 9.5퍼센트 증가했으며, 그중에서도 한국이 2020년 대비 44.8퍼센트 증가해 급속도로 시장이 끓어오르는 분위기다.

K-POP 그룹 BTS는 처음으로 영어 녹음을 시도한 「다이너마이트Dynamite」로 미국 빌보드 메인 싱글 순위에서 1위를 차지했고, 그래미상 후보에까지 오르는 쾌거를 올리면서 세계 음악업계에 커다란 폭풍을 몰고 왔다. K-POP 이외에 레게나 라틴 힙합 등 급속도로 떠오른 라틴 음악도 젊은 아티스트의 매출이 15.9퍼센트 증가하면서 꾸준히 성장 흐름을 타는 추세다. 음악의 국제화 전략이 성공했다는 사실을 숫자로 증명한 셈이다.

NFT의 독특한 특성, 즉 디지털인데도 수량을 제한해 판매할 수 있고 위조할 수 없으며 감정서와 소유 증명서가 발급된다는 점 때문에, NFT는 음악을 소유 개념으로 정착시키는 비즈니스모델을 활성화하고 음악시장 전체를 끌어올릴 가능성을 품고 있다.

이번 장에서는 세계에서 이미 NFT와 음악을 연계한 탁월한 사례를 제시하고, 음악시장에서 NFT의 가능성은 무엇이며 새로운 체험 가치를 어떻게 제공할지 이야기하고자 한다.

음악업계에서 NFT를 활용한 사례 ————

    음악업계에서 발 빠르게 NFT 관련 사업을 시작한 뮤지션은 다음과 같다.

블라우[3LAU, Justin David Blau(저스틴 블라우)]

    일렉트로닉 댄스 뮤직계*의 인기 아티스트인 블라우는 앨범 〈울트라바이올렛Ultraviolet〉 발매 3주년을 기념해 33개의 NFT를 가격별로 차등을 두어 판매했다. 상품에는 커스텀 곡, 미발표 음원에 접근할 권한, 본인 음악을 중심으로 만든 커스텀 아트, 그리고 앨범에 실린 원곡 열한 곡의 새로운 버전이 들어 있다(이 NFT를 구매한 사람 일부에게는 현물 경품으로 한정판 레코드판도 제공했다).

    블라우가 판매 방식으로 시도한 경매는 소비자가 음악을 구매하며 누리는 체험을 개혁했다. 경매 마감 3분을 남겨놓고 치루는 입찰은 경매를 연장한다는 뜻인데, 40회도 넘게 연장이 거듭되어 경매가 몇 시간째 이어졌고 블라우와 그의 가족은 모두 결과에 깜짝 놀랐다고 한다.

    "우리는 환성을 질렀는데 다들 조용하더군요." 블라우는 NFT를 처음 판매한 때를 회상하며 믿을 수 없다는 듯 짧게 웃었다. 최

★ 정확히는 프로그레시브 하우스

종적으로는 1170만 달러(약 144억 원)의 매출을 올렸고, 몇 개의 신기록을 남겼다. 음악 NFT 사상 최고의 판매기록일 뿐 아니라, 이번 경매에서 가장 비싼 단일 토큰으로 지급된 360만 달러는 발행시장Primary Market에서 판매된 NFT 중 최고가를 기록했다. 지금까지 예술 분야에서 NFT로 발행되어 이보다 높은 가격에 낙찰된 작품은 아티스트 비플의 660만 달러짜리 디지털 아트 작품을 포함한 다섯 작품뿐이다.

또한 블라우는 암호자산 중심 투자회사인 파운더스 펀드Founders Fund와 함께 블록체인 기반의 음악 투자회사를 설립했다. 그리고 악곡의 소유권을 NFT로 판매하고 팬이 로열티를 받는 음악 마켓플레이스인 로열Royal을 2021년 8월 26일에 발표했다.

"나는 언제나 예술가의 인기는 회사나 배급회사가 아닌 팬이나 청취자에게 전적으로 달려 있다고 말합니다. 만일 팬이 음악이 마음에 들어서 음악을 공유하고 라이브 공연장으로 발걸음을 옮겨준다면 예술가의 인기를 드높여주는 공은 모두 팬에게 있는 거지요. 그러니 일찍이 누군가를 믿었던 참가자들이 이익을 돌려받아야 하지 않겠습니까?" 하고 블라우는 말했다.

스눕 독Snoop Dogg

세계적인 명성을 얻고 있는 미국의 롱비치 출신 래퍼다. 크립토닷컴에서 한정판 NFT 컬렉션을 2021년 4월 2일(금) 오후 4시

(한국 시각)부터 24시간 동안 판매했다. 총 여덟 작품을 일정 수량만 판매했는데, 작품 하나는 경매에 부쳤고 또 한 작품인 〈스눕 도지 코인Snoop Dogge Coins〉은 한 시간 동안만 공개한 에디션이다. 〈데스 로우Death Row〉라는 제목의 작품은 10만 8000달러(약 1억 3000만 원)에 낙찰되었다.

스눕 독은 "나는 게임이 아날로그에서 디지털로 바뀌는 과정을 여러 해 동안 지켜보았습니다. 과학기술을 통해 팬과 아티스트가 연결되면 늘 기분이 좋습니다. NFT와 같은 놀라운 기술 혁신을 크립토닷컴과 함께 실현하게 되어 영광입니다"라고 말했다.

또 연예 정보 월간지 《베니티 페어》와 인터뷰를 하며 NFT의 가능성에 대해 이렇게 말했다. "NFT는 단기간에 폭발적으로 히트했습니다. NFT를 아직도 모르는 사람이나 이해하지 못하는 사람이 많습니다. 앞으로는 이해할 수 있겠지요. NFT는 아티스트의 비즈니스나 팬과의 소통 방식을 바꾸는 위대한 순간이며 엄청난 과학기술입니다. 나는 기꺼이 맞이할 준비가 되었습니다."

댈러스교향악단

세계적으로 유명한 뉴욕의 메트로폴리탄 오페라 극장이 팬데믹의 여파로 2020년 3월 12일부터 잠정 폐쇄되면서 소속 연주자들이 일자리를 잃었다. 텍사스주의 댈러스교향악단Dallas Symphony Orchestra, DSO이 이 연주자들을 지원하기 위해 협연을 열었고, 팬데믹 상황을 극복하기 위해 함께한 콘서트를 기념하며 세 종류의 NFT를 블록체인 안에서 판매했다. 판매 수익은 메트로폴리탄 오페라 관현악단 음악가들을 위해 소중하게 쓰인다.

댈러스교향악단의 NFT는 경매로 판매하는 것과 수량을 한정해서 정액으로 판매하는 것이 있으며, 경매 방식에는 다음과 같이 실물 서비스가 함께 포함된다.

① 말러의 교향곡 제1번 최종 악장(제4악장)의 오디오, 연주자와 연주 광경 사진 한정판. 25개를 100달러에 판매한다.

② 제1악장의 영상, 댈러스교향악단의 음악감독인 파비오 루이지Fabio Luisi 인터뷰, 2022년 초입에 재결성되어 뉴욕에서 개최하는 실내악 협연 콘서트 입장권. 15개를 1000달러에 판매한다.

③ 콘서트 본편 비디오, 리허설을 포함한 무대 뒷모습 영상, 인터뷰, 특집 등. 아티스트와 함께하는 저녁식사, 미국 다른 지역 주민을 위한 왕복 항공권과 호텔 2박 비용 포함. NFT 구매자에게는 콘서트에서 VIP 체험 제공. 옥션 입찰가격은 5만 달러에서 시작한다.

NFT로 부의 패러다임을 바꾼 사람들

퍼퓸 Perfume

일본 아이돌 그룹인 퍼퓸의 콘서트 실황을 담은 넷플릭스 공개작 〈Perfume Imaginary Museum Time Warp〉를 바탕으로 발행한 첫 NFT 아트 작품 〈Imaginary Museum Time Warp〉를 2021년 6월 11일부터 판매했다. 퍼퓸이 선보인 안무 동작 중 가장 상징적인 자세를 3D 디지털로 만들었다. 암호자산을 채굴하는 방식인 합의 알고리즘 consensus algorithm 중 지분증명 Proof of Stake, PoS*에 기반한 폴리곤 체인을 채택해 확장성 문제와 비싼 가스비를 줄였고, 세계적인 아트 창작 집단인 일본의 라이조마틱스 Rhizomatiks에서 독자적으로 만든 NFT 마켓 플레이스인 NFT 익스페리먼트 NFT Experiment를 통해 출시했다. 옥션에서 판매한 결과 2만 MATIC, 환산하면 약 325만 엔(약 3400만 원)에 낙찰되었다.

여자친구 GFRIEND

2021년 5월 22일에 활동을 종료한 한국의 6인조 걸그룹 여자친구의 공식 NFT 〈고마워 여자친구 NFT〉를 음악 전문 마켓 플레이스인 더 NFT 레코드에서 7월 26일부터 8월 2일까지 기간을 한정해 옥션 및 선 예약으로 세계 곳곳에 판매했다.

★ 암호자산 보유량에 따라 의사결정권이나 보상을 제공하며, 대표적인 예가 이더리움이다.

여자친구 공식 NFT

더 NFT 레코드는 일본 마켓 플레이스인데 다국어 및 다양한 결제 방식을 채택하고 있어 일본을 비롯해 한국, 미국, 필리핀, 인도, 말레이시아, 태국, 그 밖에 전 세계에서 접근할 수 있다.

〈고마워 여자친구 NFT〉의 구성 상품(음악·영상·사진·로고 등)은 그룹을 해산하기 전에 이미 발매된 것들이지만, NFT를 매개로 여러 재료를 조합해 리패키지로 재구성했다. 옥션 및 선 예약이라는 독특한 판매 방식을 시도해 팬에게 새로운 체험 가치를 제공하는 데 성공했다.

라우드니스 LOUDNESS

세계에서 가장 유명한 일본인 기타리스트 다카사키 아키라高崎

髙가 이끄는 헤비메탈 밴드 라우드니스가 결성 40주년을 기념해 NFT를 발매했다. 이들은 2021년 8월 5일 콘서트홀 젭도쿄Zepp Tokyo에서 하룻밤만 연 '한여름의 추가 공연'에서 신곡 「야마토다마시이大和魂」와 「오에오에오OEOEO」를 처음 공개했고, 이 두 곡을 NFT로도 제작할 것이라고 무대에서 밝혔다. 닷새 후 8월 10일부터 두 곡의 음원과 공연 사진을 포함해 화려하게 구성한 상품을 한정 수량으로 더 NFT 레코드를 통해 발매했다. 정식 음반에 앞서 NFT를 판매한 시도는 일본 최초였으며, 옥션 낙찰가격은 31만 엔(약 321만 원)이었다.

"NFT가 무엇인지 잘 모르지만 본능적으로 재미있을 것 같았고, 스크랩&빌드Scrap & Build(비효율을 효율로)라는 록의 기본 정신과도 통한다고 할까요. 우리처럼 40년을 유지하는 밴드가 앞서서 이런 새로운 방식으로 음원을 발매해보는 것도 신선할 것 같았습니다" 하고 라우드니스는 소감을 밝혔다.

또한 "더 NFT 레코드에서는 신용카드 결제도 가능하니까 세계 곳곳의 팬들도 구매할 수 있겠구나 싶어서 시도해보았죠. 팬들도 흥미로워했고, 우리도 곡에 대한 반응을 바로 체감할 수 있어서 좋았습니다. 물론 레코드나 CD 등 실물 상품도 소중하지만, 완성한 후에 세상에 발매될 때까지 두 달이나 걸리잖아요" 하고 덧붙였다.

음악과 NFT를 조합하면 많은 가능성이 열린다는 사실을 증명

라우드니스 공식 NFT

한 라우드니스는 60여 개의 매체에도 소개되는 등 음악과 NFT 시장에 새로운 이정표를 남겼고, 2021년 10월 1일에는 두 번째 NFT도 발매했다.

시모 SEAMO

시모는 일본인 래퍼 중 최초로 공식 NFT를 더 NFT 레코드에서 2021년 9월 3일 발매했다. 제57회 〈NHK 가요 홍백전〉에도 출전한 시모는 〈하모네프〉*에 참가해 준우승한 혼성 5인조 아카

★ 2021년까지 후지TV에서 방영한 청춘 아카펠라 대회. 하모네프는 음을 맞춘다는 뜻의 '하모루'와 사회를 본 인기 개그 트리오 '네프츈'을 합성한 표현이다.

시모의 공식 NFT

펠라 그룹 하이스쿨 방방ハイスクール·バンバン과 컬래버해서 자신의 히트곡인 「루팡 더 파이어」를 「루팡 더 파이어 with 하이스쿨 방방」으로 새롭게 작업한 음원을 NFT로 발행했다.

시모는 NFT를 두고, "NFT는 우리 같은 CD 세대의 아날로그 감성에 디지털 기술을 더해서 가능성으로 무장한 놀라운 콘텐츠인 것 같습니다. NFT라는 새로운 체험 가치를 통해 음악을 소유하는 희열을 팬 여러분과 함께 즐기면서 교감하고 싶습니다"라는 감상을 남겼다.

대표적인 음악 NFT 서비스 ────────

음악 NFT를 취급하는 마켓 플레이스를 소개한다.

더 NFT 레코드

글로벌한 대응체계(다국어, 다국적 통화 결제 가능), 환경을 배려한 설계, 옥션·정액·추첨·예약 등 다채로운 판매 방식을 채택해 음악을 소유하는 새로운 체험 가치를 만들겠다고 표명한 음악 전문 마켓 플레이스다. 가수와 음반회사의 의견을 반영해 시리얼 번호 기재는 물론 앨범, 싱글, 재킷 사진, 가수 사진, 뮤직비디오 등으로 NFT의 특성을 살린 새로운 상품을 구성한다. 더 NFT 레코드에서 최초로 시도한 가수는 K-POP 인기 그룹 여자친구이며, 각국 팬들의 접속이 쇄도해 모든 상품이 매진되었다.

텐센트 뮤직 엔터테인먼트 Tencent Music Entertainment Group, TME

중국 최대 음악 엔터테인먼트 기업인 텐센트 뮤직은 2021년 8월에 블록체인 기술을 이용한 NFT 예술 플랫폼인 TME 디지털 컬렉션TME数字藏品을 출시한다고 밝혔으며, 현재는 산하의 큐큐뮤직QQ Music에서 시범 운영 중이다. 이 플랫폼에서는 블록체인 기술을 통해 이용자에게 디지털 수집품을 선보이는데, 블록체인이 미래에 디지털 앨범이나 관련 제품에 적용될 가능성이 크기 때문이라고 한다. 실현한다면 큐큐뮤직은 디지털 컬렉션 NFT를 출시하는 중국 최초의 음악 플랫폼이 된다.

일본음악저작권협회 JASRAC

일본음악저작권협회는 블록체인을 활용한 음악 작품의 정보와 등록 및 공유를 실증하는 실험을 시작했으며, 협회에 저작권 관리를 위탁하고 있는 권리자(음반사) 등의 참여를 늘릴 예정이다. 실험을 통해 악곡 등을 포함한 음악 작품 데이터의 신뢰성을 높이고 유통 과정의 투명성과 효율성을 향상시켜서 작곡자나 출판사 등의 권리자에게 대가를 환원할 기회(저작물 사용료 분배)를 늘리는 게 목적이다. 권리자가 이용할 수 있도록 웹용 앱을 개발해서 블록체인에 기록된 정보를 열람하거나 추가로 기록할 권한을 적절히 제공하고, 정보 공유와 절차 등을 더욱 간편하고 효율적으로 운영하고자 한다.

원오브 One of

전설적인 음악 프로듀서인 퀸시 존스 Quincy Jones가 대표 겸 파트너로서 운영하며, 환경을 생각한 음악 전문 마켓 플레이스다. 휘트니 휴스턴의 미공개 데모곡을 포함해 티엘씨 TLC, 도자캣 Doja Cat, 존 레전드 John Legend 등의 컬렉션을 출시할 예정이다.

NFT와 음악의 만남이 넘어야 할 산 ───────

NFT 음악시장은 활용 면에서 많은 매력과 잠재력을 간직하고 있지만, 곳곳에 해결해야 할 문제도 적잖이 보인다. 무엇보다 NFT 와 블록체인 기술에 대한 업계의 이해와 인식 개선이 중요하다고 본다.

NFT는 음악가나 음반회사의 창의성을 사업에 반영할 수 있는 놀라운 기술이므로 가치와 수익을 극대화하기 위해 최적화된 지식을 익히는 자세와 마켓 플레이스를 선정하고 상품을 조성하는 일이 중요하다. 지식이라면 이 책을 비롯해 유익한 정보가 하나둘씩 시장에 풀리기도 했고, 날마다 세계에서 새로운 NFT 비즈니스의 동향이 포착되므로 역시 인터넷에서 만날 수 있는 최신 정보가 가장 유용할 것이다. 마켓 플레이스는 현재 우후죽순 난립해 있는 데다, 대부분이 디지털 아트를 판매하고 거래하는 곳이다. 다행히 음악 전문 마켓 플레이스는 세계적으로 손에 꼽을 만큼 적어서, 작품을 어디에 팔아야 할지 몰라 헤맬 일은 없을 것이다.

상품을 조성하려면 반드시 시장에 제공하는 작품 수를 면밀히 조사해야 한다. 권리 소재가 명확한 음악·영화의 원반권*을 이용해야 한다. 또한 아티스트의 사진이나 친필 사인 등 매니지먼트에

★ 음원에 대한 음반 제작자의 권리

서 권리를 가져가는 저작물과 공연이나 이벤트 티켓 등 다른 분야 상품과도 연계할 필요가 있으며, 기업의 이윤을 앞세우지(프로덕트 아웃) 않고 팬들의 마음을 꿰뚫는(마켓 인) 방향으로 나아가야 한다. 경매나 추첨 등 판매 방식도 꼼꼼히 따져야 한다.

해적판이나 무허가로 권리를 사용하는 문제도 큰 숙제다. 현재 권리를 보유하지 않고서 상품을 NFT로 멋대로 판매하는 사례가 여기저기서 적발되고 있다. 대부분의 마켓 플레이스에서 이용자가 자유로이 상품을 출품할 수 있기 때문에 서비스 운영자에게 감시 기능이나 능력이 없으면 해적판 출품은 거의 방목 상태다. 유명한 일례로, 전 락커펠라 레코드의 공동사장으로 알려진 기업가 데이먼 대시Damon Dash가 2021년에 래퍼 제이 지Jay-Z의 앨범인 〈리저너블 다우트Reasonable Doubt〉와 관련된 NFT를 멋대로 판매해서 기소된 사건이 있었다(이에 대해 대시의 대리인은 그가 소유한 락커펠라 레코드사 주식의 3분의 1을 단순히 매각할 계획이었다고 항변했다).

이렇게 무의미한 논쟁에 시간과 수고를 헛되이 써버리지 않기 위해서라도 권리 소유자가 적절한 마켓 플레이스를 이용하고 정당한 상품을 조성하기를 바라는 마음이 간절하다.

또 마켓 플레이스 운영자에게는 정당한 권리자하고만 계약하거나 해적판 상품을 감시하는 기능을 충실하게 갖추어주기를 기대한다. 건전한 환경을 구축해야 시장을 확대할 수 있다.

아티스트로서는 팬과 어떻게 직접 소통하느냐가 관건이며 성장의 열쇠가 될 것이다. SNS를 활용한 직접적인 마케팅을 통해 커뮤니티를 형성한다면 시장이 폭넓게 확대될 것이다.

앞서 소개한 블라우는 클럽하우스(음성 대화가 가능한 SNS)나 트위터를 통해 직접적이고 적극적으로 접근해서 자신의 팬들을 중심으로 암호자산 및 NFT 공동체를 만들어가고 있으며, 스눕 독은 NFT를 발매했을 때 본인의 트위터를 통해 1920만 팔로워에게 직접 홍보했다.

이렇듯 직접적인 소통은 팬덤 문화를 굳건하게 형성해서 아티스트가 추진하는 NFT 비즈니스의 가능성을 더욱 높여줄 것이다.

음악업계에서 바라보는 NFT의 미래 ─────

NFT는 음악으로 얽힌 다양한 분야에서 일하는 사람들, 그리고 팬들에게 큰 매력을 선사할 것이다. 특히 눈여겨볼 부분은 높은 수익성이다. 2020년 스포티파이를 통해 연간 5만 달러(미국 노동자 평균임금) 이상의 수익을 올린 음악가는 1만 3400명에 불과했다. 스포티파이에서는 1회 재생에 평균 0.003~0.005달러(약 3.7~6원)만 내면 된다. 백만 번 재생하면 약 3,000~5,000달러가 되지만, 수많은 인디 아티스트에게 백만 회 재생은 까마득한 수치다.

그런데 자신의 곡을 NFT로 판매하면 단 한 번에 스트리밍 플

　　　　　　　　　　　　　NFT로 부의 패러다임을 바꾼 사람들

랫폼에서보다 높은 수익을 올릴 수도 있다. 게다가 NFT는 꾸준한 수입까지 보장한다. 2차 유통을 통해 작품이 팔릴 때마다 수익을 받도록 설정할 수 있기 때문이다. 이 점은 전 세계 모든 음악가에게 혁명과도 같은 일이다.

특히 아티스트와 팬을 모두 사로잡는 점은 아티스트가 NFT를 활용해서 상품을 더욱 알차게 구성할 수 있다는 것이다. 악곡 자체는 물론이고 다양한 추가 경품이나 친필 사인, 미공개 영상, 팬과 1대 1 영상통화, 팬미팅, 실물 상품과 연계된 서비스 등 다양한 특전을 NFT에 포함할 수 있다.

만일 NFT로 악곡 자체의 권리도 구매자에게 넘겨주면 아티스트는 작품을 주식 투자처럼 활용할 수도 있다. 자금을 제공해준 사람에게는 실제로 투자 효과가 생길뿐더러, 아티스트에게도 수익이 돌아간다. 말하자면 크라우드 펀딩처럼 틀을 짤 수 있게 된다.

이처럼 NFT를 음악 비즈니스에 적용할 가능성은 무궁무진하며, 다음과 같은 방식도 생각해볼 만하다.

① 음악가가 얻는 가능성
- 음반 제작사나 사무소를 통하지 않고 직접 팬에게 작품을 판매할 수 있다.
- 기존 비즈니스와 비교해 엄청난 가격 마진을 확보할 수 있다.
- 원반 사업이 확장한다.

- 창작자로서 판매 수익과 2차 유통 판매 수익, 즉 작품이 재판매될 때마다 판매 수익에서 일정 로열티를 확보할 수 있다.
- 재판매 가격 유지 제도나 가격 설정에 대한 기준이 없으므로 판매가격이나 판매 방식(경매, 추첨, 예약, 정액 판매 등), 상품 내용(음원, 영상, 사진, 로고, 실물 상품과의 연계 등), 판매 기간 등을 자유로이 설정할 수 있다.
- 작품을 제작하고 곧바로 판매할 수 있다.
- 데모곡이나 악보, 리허설 영상 등 지금까지 물리적으로 상품화하기 어려웠던 소재를 활용할 수 있다.
- 작품을 전 세계에 판매할 수 있다.
- 예약 판매 등 판매 방식에 따라 제작비를 회수하기가 수월하다.
- 옥션 개최 모습을 팬에게 공개하는 등 디지털 자산을 판매·소유하게 하는 마케팅을 할 수 있다.

② 음악 제작사가 얻는 가능성
- 제작사에서 보유하는 과거 악보를 자산으로 활용할 수 있다.
- 신인 발굴 및 육성A&R, 판촉 업무를 통해 터득한 노하우를 활용해 매력적인 상품을 구성할 수 있다.
- 실물 상품(CD, DVD 등)과 연계할 수 있다.
- 팬이 고정된 베테랑 음악가의 작품은 물론이고 두터운 팬층

NFT로 부의 패러다임을 바꾼 사람들

을 확보하지 못한 신인의 작품을 판매할 기회가 생긴다.
- 아이돌 등 비주얼 가치가 높은 음악가를 활용할 수 있다.
- 글로벌 마케팅을 하기가 수월하다.

③ 음악 이벤트 주최자가 얻는 가능성
- 티켓을 NFT로 발행해서 입장객에게 체험 기회와 특전 및 기념품을 제공할 수 있다.
- 티켓을 NFT로 발행해서 입장객과 직접 소통할 수 있다.
- NFT 티켓의 2차 유통시장을 관리할 수 있다.
- 위조 티켓을 방지할 수 있다.
- 이벤트 사진이나 영상을 NFT로 판매할 수 있다.

④ 팬에게 돌아가는 기회
- 음악가와 직접 작품을 매매할 수 있다.
- 음악가를 직접 지원 및 응원할 수 있다.
- 구매한 작품 가치의 가격이 오를 때마다 보유자산도 상승하고, 매각할 때 매매 차익이 발생한다.
- 한정판을 보유하는 뿌듯함이 생긴다.

아티스트가 재능을 발휘해서 세상에 내보내는 높은 가치의 작품이 NFT라는 신기술을 거쳐 자산이 되는 시대가 왔다. 아티스트나 팬, 기존의 음악 관련 종사자들이 모두 수십 년에 한 번 찾아오는 소중한 기회를 효과적으로 활용하기를 바라며, 훌륭한 음악이 사회에 밝은 미소를 널리 퍼트리기를 기원한다.

원조 NFT를 탄생시킨
대퍼랩스에서 바라보는
NFT 특화형 인프라

디지털 데이터의 희소성을 보증하고 금융자산으로서 가치를 지니는 NFT의 활용 사례들이 세계적으로 빠르게 퍼지고 있다. 하나의 거대 산업이 되어버린 NFT를 지탱하는 NFT 특화형 인프라에 대해 대퍼랩스의 미카엘 나옘과 기타하라 다케시가 설명한다.

미카엘 나엠 ──────────────────────── Mikhael Naayem

통칭 믹 나엠. 컬럼비아대학교 대학원을 졸업했으며, 2011년에 퓨얼Fuel
Powered.com을 설립하고 CEO로서 게임 개발사용 서비스를 시작했다. 그 후
애니모카 브랜즈에 회사를 매각하고 나서 블록체인 게임 개발사인 액시엄
젠Axiom Zen 사외 이사를 거쳐 2017년에 대퍼랩스에 합류했고 CBO로서 사
업 전략을 이끌었다.

기타하라 다케시 ──────────────────────── 北原健

게이오기주쿠대학교 법학부를 졸업하고 미즈호증권에 입사해 은행 투자
업무를 담당했으며, 인터넷 및 텔레콤 기업의 자산 조달과 인수합병에 기여
했다. 그 후 일본 최초의 독립 크립토 투자자산운용사인 비 크립토스B Cryptos
에 입사해서 투자 업무 및 투자처의 사업 개발 지원을 맡았다. 대퍼랩스 일
본 지역 자문위원으로 활동하고 있다.

NFT 사업을 지탱하는 기술 환경 ————

오늘날 NFT는 협의적인 기능, 즉 기존의 네트워크 구조에서는 불가능했던 '오리지널 디지털 데이터를 실현한 대체 불가능'이라는 기능에서 벗어나, NFT 기반 서비스 및 콘텐츠를 포함한 대형 산업으로 전환하는 추세다. 이를테면 NFT를 사고팔 수 있는 공간, NFT를 직접 활용할 수 있는 가상의 세계, NFT를 관리 및 활용하기 위해 이용자가 사용하는 도구와 관련 앱까지, 당장 확인되는 서비스만 보더라도 디지털 데이터의 희소성을 보증하고 금융 자산으로 탈바꿈할 방법은 나날이 속도를 더하며 늘어난다.

NFT를 지탱하는 기술 환경을 거론할 때 이더리움을 빼놓을 수 없다. NFT가 세상에 등장하는 틀을 마련한 크립토키티도 이더리움 기술을 활용했다. 이더리움이라는 존재는 크립토 역사의 대부분을 차지하는 기반 환경이다. 이를 증명이라도 하듯 대다수의 열

표1 **NFT의 기술군①**

성적인 토큰 보유자와 개발자로 구성된 충실한 생태계가 NFT 탄생 원년인 2017년부터 5년이 흐른 지금까지 수많은 NFT에 이더리움을 활용하고 있다.

실제로 이더리움은 NFT 이외의 영역에서도 가장 많은 서비스 인프라를 구축하고 있고, 현재 크립토 영역에서는 기본으로 자리를 잡았다. 이더리움에서 NFT 서비스를 구축해두면, 점점 다양해지는 NFT의 활용 분야와 이미 존재하는 서비스 사이의 마찰을 최소한으로 줄이면서 연동할 수 있다. 오픈씨 등의 NFT 마켓 플레이스도 이더리움 안에서 NFT 상품을 다루기가 (NFT 상품에 완전히 대응하고 있으므로) 수월하며, 트렌드에 가장 근접한 게임과 금융을 연계해서 역시 개인과 개인이 NFT를 주고받는 분산형 금융 서비스를 할 때 개발자의 스트레스를 줄일 수 있다.

반면, NFT의 기반 기술이 이더리움뿐이던 2017년과 달리 현재는 다양한 기술이 등장한 것도 사실이다. 새로 생긴 기술 대부분은 당시 이더리움을 통해 서비스를 만들려던 개발자가 이더리움의 기술적인 제약(병행해서 저렴하게 처리할 수 있는 거래 건수의 한계. 제약이면서 특징이기도 함) 때문에 서비스를 원하는 대로 만들 수 없었던 아쉬움을 채우기 위해 탄생했다. 앞서 언급한 크립토키티도 많은 이용자의 흥미를 끈 앱이기는 하나, 결과적으로 이더리움의 기술적인 문제로 수요를 감당하지 못했고 본래의 잠재력도 발휘하지 못했다.

그런데 플로우를 비롯한 차세대 인프라가 실제로 NFT를 사용하기도 쉽고 개발하기도 쉽게 만들어지고 NFT 게임에 활용되면서 단기간에 일반 이용자가 NFT를 시작하는 계기를 마련했다는 점에서 사업자나 개발자에게 숨은 조력자 역할을 했다.

실제로 사용되는 NFT 특화형 인프라는 크게 레이어 1과 레이어 2로 나눌 수 있다. 기존의 레이어 1을 보완하기 위해 레이어 2가 추가되었다. 레이어 2는 레이어 1, 즉 1층 위에 쌓은 2층의 기술이라고 생각하면 된다.

표2 **NFT의 기술군②**

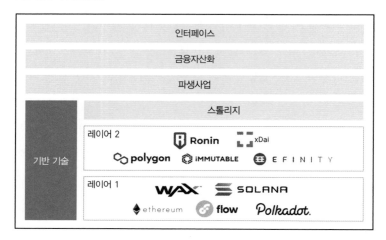

레이어 1(Layer1, L1)

블록체인에서 첫 번째 층에 해당하는 기축 인프라다.

이더리움을 필두로 해서 처음부터 NFT에 맞추어 개발된 레이어 1 기반 기술로는 플로우나 왁스가 있다. 그 밖에 파이낸스 특화형으로 시작한 솔라나 등도 NFT 접근성을 높였다.

레이어 2(Layer2, L2)

이더리움이나 다른 레이어 1 위에 추가된 블록체인 기술이다. 여기서 작업한 후 결과로 나온 수치만을 원래의 블록체인에 기록해서 확장성 문제를 해결할 수 있다.

NFT로 부의 패러다임을 바꾼 사람들

레이어 1에 대하여

NFT의 레이어 1 인프라 중에는 앞서 설명했듯이 이더리움이 가장 많은 비중을 차지하는데, 초창기에는 이더리움 안에서 거래되던 크립토키티가, 최근에는 크립토펑크, 아트블록Artblocks, BAYC와 같은 고급 디지털 소재가 NFT 활동에 기여하고 있다. 이런 고급 소재의 가치가 높아질수록 악의적으로 소유권을 변조하지 못하도록 막으려면 이더리움에 존재하는 것이 유리하다.

고급 소재를 이더리움 중심의 레이어 1 인프라에서 관리하면 이용자의 필요에 꼭 들어맞지만, 현실에서 대량으로 확보해야 하는 일반 콘텐츠(디지털 티켓이나 공급량이 일정 정도 늘어나는 게임 속 아이템 등)는 이더리움이 아닌 다른 레이어 1이나 다음에 설명할 레이어 2가 훨씬 적절할 때도 있다.

표3 체인에서 처리된 NFT 거래액

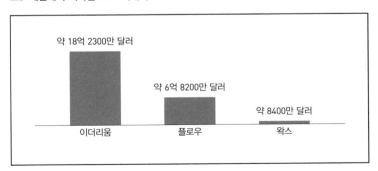

NFT에 특화한 초대 인프라로서 가장 역사가 오래된 것은 왁스다. 지금까지 NFT 콘텐츠에서 틈새시장을 형성한 40건 이상의 프로젝트가 왁스를 신뢰해왔다. 최근에는 MLB의 NFT를 발행한 탑스 컴퍼니나 한국에서도 유명한 스트리트 파이터 NFT를 위해 왁스가 기술을 제공하고 있다.

하지만 NFT와 관련된 분야에서 이더리움과 가장 비슷한 레이어 1 인프라는 왁스가 아니라 NBA 톱샷의 기반이 된 플로우다. 플로우는 NBA 톱샷도 운영하는 대퍼랩스에서 NFT에 대응하도록 만든 기술인데, 출시한 지 1년도 채 안 되어 NFT 특화 기술을 선도하고 있다.

대퍼랩스는 NFT의 열기가 활활 타오르도록 불을 지핀 NBA 톱샷을 출시하기까지 어떤 논의들을 거쳤을까. 애초에 플로우를 개발하게 된 동기는 무엇이며, 또 앞으로 어떻게 운영할 계획일까. 대퍼랩스의 CBO인 미카엘 나옘이 직접 밝힌 플로우의 사례를 통해 NFT 특화형 인프라가 확고히 자리를 잡기까지의 일관된 가치관과 핵심을 파악해보자.

NFT로 부의 패러다임을 바꾼 사람들

레이어 1 기술 사례: 플로우

(대퍼랩스 CBO인 미카엘 나옘이 쓰고 기타하라 다케시가 해설)
원본 : 헬로키티에서 마이클 조던까지

새로운 산업이 성장하는 과정에서 기반 기술 개발과 앱 개발이 이인삼각으로 뛰어야 기술이 혁신을 이룬다. 앱은 고도화를 달성했는데 기반 기술이 받쳐주지 못하면 기반 기술을 개량해야 한다. 그러면 새로운 기반 기술로 앱도 고도화된다. 네트워크 산업에서 두드러지게 반복되는 이런 사이클은 크립토 세계에서도 예외가 아니다.

플로우는 이 사이클 안에서 대퍼랩스를 모체로 탄생했다. 대퍼랩스는 원래 엑시엄젠사의 사내 벤처로 시작했는데, 현재 플로우의 CTO인 디터 셜리Dieter Shirley가 당시에 그곳에서 이더리움 기반의 NFT 기축 파일 형식인 ERC-721 기술을 개발했다.

ERC-721 기술도 이른바 기반 기술 중 하나인데, 그 기술을 활용해 앱을 개발하기로 했고 2017년에 크립토키티를 출시했다. 크립토키티는 말하자면 다마고치의 아기 고양이 버전이라 할 수 있는 앱인데, 크립토 마켓에서 시선을 끌며 출시하자마자 첫 NFT 히트 타이틀이 되었다.

그런데 역설적이게도 당시 이더리움 총 거래의 12퍼센트를 크립토키티가 차지하는 바람에 전체 네트워크가 정체되고 말았다. 그러자 거래 수수료가 걷잡을 수 없이 뛰었고, 크립토에 적응하지 못한 채 그나마 존재하던 일반 이용자들이 사고 싶은 고양이에 비해 거래 수수료가 터무니없이 비싼 현실에 불만을 품는 사태가 적잖이 발생했다.

해설

이더리움은 채굴자가 거래를 처리한다. 거래는 블록마다 처리되는데 블록 크기가 정해져 있어 처리 건수에도 한계가 따른다. 블록에 다 들어가지 못할 정도로 거래 수요가 많아지면, 채굴자는 처리 순서를 고르게 되고 수수료가 높은 거래부터 먼저 처리하므로 수수료가 폭등하는 것이다.

메타마스크 팀과 해결책을 찾으려고 밤을 새워가며 연락하는 등, 상황이 개선되기를 바라며 시행착오를 겪던 기억이 지금도 생생하다. 결국에는 이더리움에서 근본적인 해결책을 찾아내기도 전에 크립토의 열기가 식었고, 크립토키티의 거품이 빠지면서 자연스레 과부하도 줄어 이더리움이 평상시 운행 상태로 돌아왔다. 이런 일을 한번 겪으면서 두 가지를 깨달았다. 이더리움은 생각보다 약하다는 점과 이더리움에서 대중용 앱을 만들기는 기본적으로 무리라는 점이다.

업계 내부에서는 이더리움을 확장해야 한다는 요구가 터져 나

왔고, 크립토키티를 출시한 후에 상황은 더욱 절실해졌다. 당시에는 많은 팀이 샤딩sharding이라고 해서 하나의 체인을 여러 개의 체인으로 나누어 거래를 할 수 있게 하는 접근법을 모색했다. 콘셉트는 상당히 흥미로웠으나, 복잡하지 않은 거래(이를테면 송금)에도 복잡한 프로그램이 필요하게 되면 개발자에게 짐이 되리라고 판단했고, 더욱 복잡한 액션이 필요한 게임에는 최적이 아니라는 결론에 도달했다.

그 밖에도 대안을 모색했으나, 최종적으로는 대중을 위한 (메인 스트림) 앱을 견디는 기반 기술을 우리 회사에서 만들기로 결정했다. 메인 스트림을 추구하며 의식한 지점은 개발자용 UX(개발의 편리함)와 이용자용 UX(사용의 편리함)의 최대화다.

우리의 목표는 플로우를 통해 개발하기 쉬운 환경을 만들어 다양한 서비스를 유도하고, 또 대중이 서비스를 이용할 때 기술의 한계 때문에 스트레스를 받지 않도록 하는 것이었다. 구체적으로는 거래 승인을 나누어 맡는 독자적인 구조를 제공해서 오픈 리소스 상태를 책임지며 1초에 10만 건의 거래를 처리했고, 10초에 체인 안에서 완결성을 확보했다.

여기까지 오는데 2년이나 걸렸지만, 개발 비용 및 이용 비용을 최소한으로 잡았고 일반 이용자가 크립토를 의식하지 않는 서비스를 실현하는 데 성공했다.

앞서 설명했다시피 거래 처리 능력(속도)과 거래 수수료(저렴한 비용)는 밀접하게 연관되어 있다. 거래 수수료와 이용자의 편리성도 관련성이 깊다. 거래 처리 비용이 낮으면 거래할 때마다 발생하는 수수료를 서비스 제공자가 한꺼번에 지급할 수도 있다. 이더리움에서 만들면 종종 수수료가 비싸지기도 하므로 때로는 이용자에게 부담을 지울 수밖에 없다.

플로우에서 최초로 앱을 개발할 때도 시장을 주도하는 콘텐츠를 집어넣으려고 마음먹었다. 구체적으로는 NFT와 NFT로 발행하는 콘텐츠의 가치에 근원이 되는 열량(깊이)과 대중을 타깃으로 한 콘텐츠(폭)의 균형을 고려했다. 세계적으로 열성 팬을 거느린 NBA에 접근해 라이선스 계약을 따냈고, 2020년 10월에는 NBA·NBA 선수협회·대퍼랩스의 공동 프로젝트이자 플로우에서 최초의 앱인 NBA 톱샷을 발표했다.

놀랍게도 NBA 톱샷은 한때 네트워크 역사상 가장 단기간에 1억 달러의 상품 판매액Gross Merchandise Volume, GMV을 달성한 마켓플레이스가 되었을 정도로 많은 사람이 서비스를 이용했다. 크립토키티 때와는 달리 기술적인 문제가 발생하지 않았다는 점이 많은 이용자를 만족시켰다고 생각한다.

물론 이목을 끌 수 있는 실적 면에서 높은 수치를 기록한 일도 기쁘다. 그러나 팀으로서 가장 감격스러운 일은 우리의 프로젝트

NFT로 부의 패러다임을 바꾼 사람들

를 통해 NFT가 크립토라는 껍데기를 깨고 컬렉터블 영역에까지 디지털을 침투시키며 농구계에서 혁신을 일으켰다는 점이다.

내가 NFT의 침체기에서 벗어날 수 있었던 인상적인 사건이 두 가지 있다. 하나는 이용자들이 UX에 관해 보내준 메시지 대부분이 '가능한 것도, 불가능한 것도 없다'는 내용이었다는 점이다. 곰곰이 생각해보면 기반 기술이 원래 그렇다. 플로우는 그만큼 자연스럽게 크립토를 경험해보지 못한 일반 이용자에게 접근했고, 그 이용자들이 크립토만의 개성을 눈치채지 못할 정도로 두루 사용할 수 있었다는 뜻이다.

또 하나는 NBA가 새로운 문화를 창조했다는 점이다. 선수들이 자신의 카드를 보유하기도 하고 시합이 끝난 후에 선수끼리 유니폼을 교환하듯 다른 선수와 주고받기도 하며, 어쩌다 상대 선수가 덩크슛을 쏘아 올리면 "지금 슛은 톱샷에 오르겠는데"라고 말할 정도로 팬뿐만 아니라 선수에게도 새로운 스포츠 체험의 기회를 제공했다는 점이 톱샷의 성공을 증명한다고 생각한다.

플로우는 절대로 꽃길만 걷지 않았다. 크립토 산업 전체가 동면기에서 깨어나지 못하고 있던 와중에 플로우를 개발하기 시작했고, 생태계의 우위를 선점했던 이더리움이나 레이어 2 인프라라는 여타 솔루션이 만들어지고 있었기에, 당시 플로우와 같은 NFT 특화형 인프라의 필요성에 회의적인 의견도 있었다. 다만 우리는 대중을 위한 콘텐츠를 확보하기 위해 사업을 이끌었고 일반 이용자나 개발자가 이용하기 쉬운 UX 기술 개발에 주력했으며, 크립토가 아닌 주력 분야를 고집한 결과가 NBA 톱샷의 성공으로 이어졌다고 자부한다.

하지만 플로우 팀으로서는 이 과정이 쉽지 않았다. 이더리움에는 있지만 다른 NFT 레이어 1에 없는 것은 스포츠나 컬렉터블에 제한을 두지 않는 수많은 파생사업(급속히 성장했고 NFT와도 시너지가 좋은 분산형 금융 영역인 디파이 등)과 각 사업을 지탱하는 개발자와 이용자다. 이런 요소가 있어, 이더리움에 만들어진 신규 서비스가 기존 서비스와 연대하기 쉬운 게 이더리움의 강점이다.

플로우는 NFT 특화형 기술로 운영을 시작하긴 했으나, 부수적인 사업으로서 기본적으로는 엔터테인먼트와 NFT의 조합에 힘을 싣되 향후 NFT를 확대하기 위해 다른 영역에도 도전하며 생태계를 확대할 필요가 있다.

레이어 1은 운영체제Operating System, OS와 같은 것으로, 같은 운영체제로 만들면 서비스끼리 호환이 잘된다. 물론 다른 운영체제와 서비스를 억지로 연동시키는 작업이 기술적으로 불가능하지는 않으나, UX의 수준이 떨어지는 걸 피할 수 없다.

그렇다면 플로우는 어떤 시도들을 했을까. 전체적으로 주력 상품에 집중한다는 전략은 유지한 채 크립토 업계 밖에서 새로운 사업자를 영입했다. 구체적으로는 우선 하향식 운영 방식으로 생태계를 꾸려가기 위해 기존의 주력 분야인 엔터테인먼트 영역에서 NBA와 비슷한 열정과 규모를 갖춘 NFL(미국 미식축구 프로리그)이나 UFC(종합격투기 프로리그)의 지식재산권을 확보하고 플로우에 도입하는 방안을 추진 중이다. 대퍼랩스에서 톱샷 관련 사업을 컨설팅부터 실제 장치까지 도맡아 처리해서 지식재산권과 관련한 기존 스포츠 커뮤니티를 플로우로 유도하는 것이 목적이다.

지식재산권을 확보하는 방안은 많은 NFT 사업자들의 공통된 전략이다. 예를 들어 애니모카 브랜즈는 F1 게임의 지식재산권을 확보했다. 지식재산권자 대부분은 크립토 전문가가 아니므로 지식재산권을 최대한 활용할 수 있는 방법을 조언해줄 컨설턴트가 필요한 경우도 적지 않다.

한편, 외부 기업이 플로우를 통해 독자적으로 서비스를 개발하기도 한다. 가령 게임의 SNS화라는 대대적인 트렌드를 의식하는 대규모 게임 제작사나 디지털 아바타 기업인 지니스도 플로우에서 개발하고 있다. 이런 개발자를 돕기 위해 플로우는 사업 영역에 경계를 두지 않고 폭넓은 개발자 지원 프로그램을 제공하고 있다.

스테이블 코인Stable Coin★ 발행회사 중 선두에 있는 서클Circle도 이 프로그램으로 자사의 스테이블 코인을 개발 중이며, 모 신생기업도 분산형 거래소를 개발하는 데 이 프로그램을 활용하고 있다. 또 플로우에서 개발하는 신생기업을 응원하기 위해 자사 토큰을 활용한 펀드 기능인 플로우 액셀러레이터Flow Accelerator도 설치했다.

해설
크립토 분야에서 지원 프로그램에 자사 토큰을 사용하는 건 생태계 유치에 활용하는 일반적인 방식이다.
예) 레이어 1을 기반으로 하는 블록스택Blockstack의 스택스 액셀러레이터 Stacks Accelerator · 레이어 2를 기반으로 하는 폴리곤의 NFT 게이밍 / 디파이 펀드 · 액시 인피니티 혹은 더샌드박스(서비스)의 액시 펀드 / 크리에이터

★ 급격한 가격 변동을 억제하기 위해 안정적으로 설계된 암호자산

또 기본 발판을 탄탄하게 다지기 위해 NBA 팬들을 새로 유입하고 기존 이용자가 다른 곳으로 시선을 돌리지 않도록 힘을 쏟고 있다. 현재 NBA 톱샷은 트레이딩 카드인 모멘츠를 수집 및 교환하는 방식 위주로 운영되고 있지만, 모멘츠를 그대로 사용할 수 있는 모바일 게임 하드코트Hardcourt를 개발 중이다. 게다가 NBA는 톱샷 말고도 또 다른 시도로, 소속 농구팀 새크라멘토 킹스Sacramento Kings와 협업해서 팬을 위한 디지털 시즌 패스를 도입했다. 디지털 시즌 패스는 팬덤 문화를 활성화하기 위한 시책 중 하나이며, 시합 중에 팬이 예측한 경기 내용이 적중하면 상품을 실시간으로 증정하는 기능도 갖추고 있다.

해설

기존 커뮤니티를 꾸준히 유지하기 위한 기본 방침은 다른 업계와 같다. 예를 들어 미술이나 패션 NFT에서는 '소유하면 추가로 얻는' 형태의 접근 방식(크립토펑크와 미비츠, BAYC와 BAKC)을 전략적으로 많이 활용한다. 이렇게 타사 서비스와 연계하거나 새로운 서비스를 제공해서 NFT 소재 자체의 기능을 추가하는 것도 커뮤니티를 유지하는 마케팅 중 하나다.

긴 안목으로 보면 크립토 업계의 성숙도는 아직 초보 단계다. 결국에는 다양한 기반 기술이 공존하고 호환성도 높아지겠지만 말이다. 본질적으로 대중을 위한 앱에서는 기반 기술을 의식하기

보다, 어디까지나 이용자의 수요를 충족시키는 콘텐츠나 서비스가 얼마나 존재하는가에 초점을 맞추어야 한다. 플로우는 변함없이 주력 분야 개발에 충실할 것이며, 이용자가 받고 싶어 하는 서비스를 끊임없이 지원해서 사람들의 라이프 스타일이 풍성해지기를 염원한다.

레이어 2에 대하여

플로우처럼 새롭게 레이어 1을 만들지 않고 기존의 레이어 1을 기반으로 활용하는 NFT 특화형 인프라는 여럿 존재한다. 아예 처음부터 레이어 1을 만들려면 모든 단계마다 엄청난 수고가 들어간다. 하지만 기존의 레이어 1을 기반으로 작동하는 레이어 2는 레이어 1에도 대응하기 때문에, 기존 서비스와 일부 연계가 가능하며 NFT의 기능을 효율적으로 마음껏 활용할 수 있다.

NFT 분야에서 주목받는 특화형 레이어 2는 크게 분류해서, 과거에 주목받은 차일드 체인Child Chains, 현재 활용되는 사이드 체인Side Chains, 이제 막 활용되기 시작한 롤업Rollups 세 종류다. 사이드 체인을 레이어 2에 집어넣는 의견에는 논란이 있지만, 본 장에서는 세 종류를 모두 레이어 2로 간주하겠다.

차일드 체인

이더리움을 토대로 해서 거래 속도 향상에 중점을 둔 기반 기술이다. 처리 속도가 빠르고 수수료가 고정되어 있을뿐더러 이용자가 늘어나도 유연하게 대처할 수 있다. 더욱이 이더리움을 활용하기 때문에 보안성도 상당히 높다는 평가를 받는다.

단점이라면 다양한 프로그램에 대응하지는 못해서 재료를 이동하거나 교환하는 단순 거래에만 쓸 수 있다. 또한 차일드 체인에서 재료를 꺼낼 때 레이어 1과 레이어 2 사이에 조합하는 시간이 필요해서 자산을 인출하는 데 일주일이나 걸리기도 한다. 정기적으로 레이어 1과 차일드 체인의 상태를 조합할 필요도 있어서 이용자는 높은 조합 비용을 내야 한다.

이렇게 사용하기에 불편한 점이 있어서 다른 해결책으로 이행하는 프로젝트가 여럿 있다.

적용 프로젝트 폴리곤(초기)

사이드 체인

차일드 체인과 비슷하지만, 이더리움을 기본으로 하되 수직적으로 연결되지 않고 별도의 기반 기술로서 나란히 존재한다. 이더리움과 상호 연계할 수 있는 독자적인 토큰을 활용해서 레이어 1에 의지하지 않는 자체 운영체제와 보안체제를 구축했다. 또 이더리움 이외의 레이어 1에도 대응하게 할 수 있는 점, 사이드 체인을 업데이트하는 동안에만 레이어 1과 레이어 2를 조합할 수 있는 점이 특징이다.

개선해야 할 점이라면 이더리움과 비교해서 상대적으로 보안성이 낮으므로 이용자의 자산을 안전한 곳에 맡겨둘 필요가 있다는 것이다.

적용 프로젝트   폴리곤 · 로닌 · 엑스다이xDai · 이피니티Efinity(폴카닷을
레이어 1으로 활용)

롤업

대량의 거래를 하나로 묶어 레이어 2로 처리하고 거래 개요와 이용자의 자산은 레이어 1의 기술로 관리하는 방식이다. 처리 속도, 안정성, 이용자 자산의 개방성 사이에 균형을 이루는 것이 목표이며, 현 시점에서는 금융 분야(분산형 거래소 등)에만 적용되고 있다. 현재 NFT 분야에서 실제로 롤업을 적용하는 프로젝트는 아직 적지만, 일루비움Illuvium과 같은 대규모 타이틀에서 개발 중이며 향후 성장이 주목된다.

적용 프로젝트   이뮤터블 엑스Immutable X

레이어 2 기술 사례 :
폴리곤 및 액시 인피니티

　현재 NFT 분야에서 가장 수요를 맞출 수 있는 방식은 사이드 체인이다. 레이어 2를 활용하는 묘미 중 하나는 기존의 방식인 레이어 1(이더리움)에 대응하게 해서 레이어 1의 생태계와 보조를 맞추는 일인데, 이를 실현한 프로젝트 중 하나가 이더리움과 밀접하게 연관되어 있는 레이어 2의 폴리곤이다.

　폴리곤은 유일하게 실제로 가동되고 있는 이더리움 솔루션이며 이더리움과 잘 맞아서, NFT를 활용하는 게임 개발사는 물론이고 서버 크기를 조절할 필요성을 안고 있는 거대 기업 디파이에서도 사용하고 있다. 당시에는 차일드 체인을 개발할 예정이었으나, 지금은 차일드 체인과 사이드 체인을 섞어서 제공하고 있는데, 사이드 체인에 들어갈 때는 차일드 체인을 사용하고 실제 거래에는 사이드 체인을 이용한다. 롤업 기능을 기다리지 못하는 사업자들로서는 이미 가동하고 있고 이더리움에도 대응할 수 있는데다 빠르고 저렴한 거래를 실현해주는 레이어 2 인프라를 요구하게 되는데, 폴리곤에서 사이드 체인을 제공해서 이 요구에 부응하고 있다.

　폴리곤은 사이드 체인만이 아니라 앞으로는 이더리움에 대응하는 모든 레이어 2를 하나로 묶는 집합 도구Aggregation Tools를 만들 예정이며, NFT를 활용한 게임은 물론 NFT와 시너지가 좋은 금융 분야에서도 이미 괜찮은 포지션을 쌓고 있다. 또 플로우의 전략과 마찬가지로 자사 토큰을 활용한 게임 NFT 지원 펀드를 발표했으며, 다수의 비주류 블록체인 게임 사업자에게도 자금을 지원할 예정이다. 여기에 하나 더, 같은 규모의 디파이 펀드도 만들었는데, 예를 들면 NFT를 담보로 한 대출이나 NFT의 가치 예측시장(선물 등)과 같이 NFT와 관련된 분야를 포괄하도록 범위를 더욱 확장하고 있다.

폴리곤이 복합적인 접근을 통해 NFT에서 존재감을 키워왔다면, 그 대극에 있는 것이 로닌Ronin이라는 사이드 체인이다. 로닌은 액시 인피니티를 개발한 스카이 메이비스Sky Mavis에서 만든 기술인데, 이 로닌을 도입해 액시 인피니티를 폭발적으로 히트시켰고 게임과 금융의 연계라는 새로운 물결을 만들었다.

표4 2021년 6월부터 8월까지 프로토콜 수익

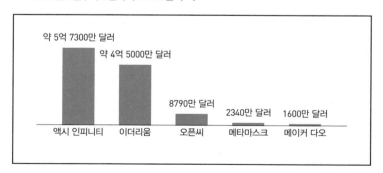

NFT로 부의 패러다임을 바꾼 사람들

액시 인피니티 자체는 2018년부터 존재한 게임 프로젝트인데, 포켓몬처럼 몬스터 액시를 소유하고서 전투에도 내보낼 수 있다. 블록체인 게임답게 플레이하면서 얻는 다양한 아이템을 이용해 직접 수익을 창출할 수 있다. 로닌을 도입한 뒤로 필리핀 등 일부 국가에서는 액시 인피니티를 통해 얻은 이익을 부수입원으로 삼는 이용자가 나타나기도 했다(이주 노동이 주요 산업인 필리핀의 경우에는 코로나바이러스로 큰 타격을 입은 상황과도 관련이 있다).

2021년 4월에 로닌을 도입한 뒤로 액시 인피니티의 성장을 가로막았던 금전적인 문제가 해소되었다. 기존에 액시를 구매하고 기르는 데 들어간 거액의 트랜잭션 수수료가 로닌을 도입하고 나서 떨어졌기 때문에(낮아진 수수료를 액시 인피니티에서 부담해주어 이용자가 비용을 지급할 필요가 없어졌음), 이용자는 고액의 비용이라는 최대 골칫거리를 신경 쓰지 않아도 되었다.

금전적인 장벽이 낮아지니 게임 안에서 활동이 더욱 활기를 띠었고, 기존 이용자가 자발적으로 신규 이용자를 불러들이는 선순환도 발생했다. 압도적인 게임 수요에 화답하듯, 게임을 시작할 때 필요한 액시(액시 인피니티를 시작하려면 최소 세 개의 액시가 필요하다)를 빌려주거나 게임 속 플레이어 집단을 후원하는 등 게임 활동의 주변 영역에 전념하는 커뮤니티 멤버 및 사업자도 생겼다. 따라서 게임을 하면서 돈을 버는 게임의 새로운 가치(게임피, P2E)에 관심이 쏟아지고 있다.

이렇게 액시 인피니티는 새로운 게임을 대표하는 주자로서 크립토 업계를 넘어 세계의 시선을 한 몸에 받게 되었다. 또 2021년 6월부터 8월까지 플레이어가 게임을 통해 벌어들인 보수가 이더리움 자체에서 벌어들인 수익(채굴 보수)을 넘어서기까지 했다.

본 장을 마치며

NFT에 특화한 인프라인 레이어 1과 레이어 2는 확장성 문제라는 이더리움의 기술적인 제약 때문에 탄생했다. 이 두 기반 기술의 UX에는 각각 차이가 있지만, 기본적으로 NFT의 대중화를 실현한다는 점에서 이더리움보다 우위에 있다. 앞으로 고급 디지털 재료 외에도 NFT를 응용하는 사례는 계속 증가할 것이며, 이더리움에서 NFT 특화형 인프라로 이전하는 NFT 재료도 늘어날 것이다.

NFT 특화형 인프라가 개발되면서 몇 가지 킬러 앱Killer Application★도 탄생했다. 이런 앱을 통해 NFT 특화형 인프라는 다양한 이용자의 요구에 부응할 수 있다. 이를테면 플로우는 견고한 지식재산

★ 출시되자마자 경쟁 제품을 몰아내고 시장을 뒤엎을 정도로 인기를 얻는 상품 및 서비스

권과 연결된 열광적인 대중 커뮤니티를 거느린 NBA 톱샷을 지원하고 있고, 로닌은 개발도상국에서 대중 커뮤니티의 경제적 기반이 되는 액시 인피니티(새로운 수입원으로써의 게임)를 지원하고 있다. NFT와 디파이 영역을 넘어 광범위하게 영역을 확장하고 거대 기업에 서비스를 지원해서 더욱 폭넓게 이용자의 요구에 발맞추는 인프라는 폴리곤이 독보적이다.

각 인프라의 생태계를 확장하는 일이 중요해지고 있고, 이미 관련 사업에서는 콘텐츠IP와 개발자(서비스 제공자)가 협력하고 있다. 플로우·폴리곤·로닌도 저마다 커뮤니티 지원 프로그램이나 자사 토큰을 활용한 지원 펀드를 전개하고 있다. 결국에는 각 인프라에 킬러 앱을 얼마나 늘릴 수 있으며, 게임파이GameFi와 같은 여러 파생상품을 연결할 만한 트렌드를 포착할 수 있느냐가 사업을 성공으로 이끄는 관건이 될 것이다.

나날이 혁신이 일어나는 크립토 세계에서 자금의 흐름이라는 수치를 보고 있노라면 새삼 NFT의 폭발적인 기세를 실감한다. NFT를 뒷받침하는 기술 또한 당연히 혁신적이지만, NFT가 지닌 폭발력의 원천은 뛰어난 화제성으로 알기 쉽고 시대적 요구에 맞아떨어지며 인간의 본능에 호소하는 점이라고 생각한다. 원본이 아니어도 디지털 데이터에 흔쾌히 돈을 지불하는 세대에게는 마음에 드는 디지털 데이터에 희소성까지 갖추었다는 점 자체가 무엇보다도 부가가치일 것이다. 게다가 NFT를 소유하기만 해도

NFT 커뮤니티의 일원이 될 수 있으니, 이런 소속감이야말로 인간의 보편적인 본능이 아닐까. 지금까지는 롤렉스를 손목에 두르고 골프 회원권을 보유해야만 가치 있다고 믿는 사람이 많았을 테지만, 앞으로는 마음에 드는 프로필 사진을 NFT로 보유하면 가입할 수 있는 제한된 커뮤니티인 디스코드DISCORD*에서 활동하는 데 가치를 두는 사람이 많아질지도 모른다. 미래에는 가상공간에서 디지털판 롤렉스를 차고 골프 회원권을 소유하는 게 기본이라는 인식이 당연해질지도 모를 일이다.

사진이나 동영상을 NFT로 발행한 상품의 거래가 유례없는 성황을 누리고 있지만, 활용 가능성을 고려하면 솔직히 아직 걸음마 수준이라고 생각한다. 개인적으로는 분산형 조직을 활용한 새로운 직업도 생기고, 디파이와 조합을 진행하며 VR과도 연계해 훨씬 직감적인 형태로 폭넓은 층에 NFT가 전파되리라고 보지만 말이다. 누구나 게임을 하며 자율적으로 금전적 가치를 창출할 수 있다는 점은 분명 혁명적인 진보라고 생각한다.

★ 게임 중에 다른 게이머들과 소통할 수 있는 실시간 음성 채팅

NFT로 부의 패러다임을 바꾼 사람들

12

NFT 보급의 지지 기반인
NFT 특화형 블록체인이란

만화, 애니메이션, 스포츠, 음악 콘텐츠를 NFT로 유통하며 디지털 데이터의 새로운 시장을 열고 있는 NFT 특화형 블록체인. 차세대 블록체인을 제공하는 해시포트의 요시다 세이하쿠가 그 특징과 가능성을 설명한다.

요시다 세이하쿠 ───────────────────────────── 吉田世博

게이오기주쿠대학교 법학부를 졸업하고 보스턴컨설팅그룹 등을 거쳐 2018년에 해시포트를 창업했다. 2020년 해시포트의 자회사로 NFT 특화형 블록체인인 팔레트를 개발하는 해시파레트(기업명인데 고유명사가 되었다.)를 창업했고, 2021년에는 일본 최초로 IEO에서 응모로 224억 엔(약 2300만 원)을 모았다. 도쿄대학교 공학계 연구과 공동연구원이며, 게이오기주쿠대학교 글로벌리서치연구소의 '암호자산 연구 프로젝트'에서 공동연구위원으로 활동하고 있다.

이더리움에서 NFT를 이용할 때
발생하는 문제점 ——————————————

인터넷을 이용해 콘텐츠를 유통하는 것을 웹 2.0 시대라 한다면, NFT 및 블록체인을 이용해 콘텐츠를 유통하는 것을 웹 3.0 시대라 한다. 표1에서 살펴볼 수 있듯이 웹 2.0 시대와 웹 3.0 시대의 차이점은 여러 가지이지만, 그중 가장 중요한 건 이용자가 콘텐츠를 소유할 수 있느냐이다. NFT를 활용하면 서비스 사이를 오가거나 소유자끼리 연대하는 등 콘텐츠가 주축이 된 새로운 체험을 발견할 수 있다. 그래서 우리는 콘텐츠 유통 분야에서 NFT가 새로운 시대를 개척하리라고 믿는다.

이더리움 등의 범용 블록체인에서도 NFT를 유통할 수 있지만, 그러면 세 가지 커다란 문제가 발생한다. 첫째로, 이더리움에서는 일반 이용자가 NFT를 이전할 때 가스비라는 네트워크 수수료를

표1 **NFT 관련 당사자**

	웹 2.0 시대의 콘텐츠 유통	웹 3.0 시대의 콘텐츠 유통
콘텐츠 유통 모체	인터넷	블록체인
이용자와 콘텐츠의 관계	콘텐츠를 이용함	콘텐츠를 소유함
콘텐츠 유통 형태	데이터화된 콘텐츠를 전송(송신한 데이터는 쌍방의 단말기에 보존됨)	토큰화된 콘텐츠를 전송(송신한 쪽에서 수신한 쪽으로 데이터 소유권 및 접근권이 이동함)
콘텐츠의 앱 의존도	높음(인터넷 콘텐츠는 TV 속 영상처럼 앱이 사라지면 콘텐츠에 접근 불가)	의존하지 않음(토큰화환 콘텐츠는 DVD 영상처럼 다양한 형태로 접근 가능)
다른 앱과의 연동	밀접하게 결합	소극적으로 결합
유통 데이터의 진위 판정	불가능	가능
데이터 유통의 에스크로	실질적으로 없음	있음(스마트 계약으로 자동화 가능)
콘텐츠 비즈니스의 수익원	콘텐츠 판매	• 콘텐츠 1차 판매 / 공식 2차 유통 마켓 플레이스의 수수료 • 이용자 간 PvPPlayer vs Player 유통 수수료 / 비공식 앱에서의 이용 수수료

암호자산으로 지급해야 한다. 또, NFT를 다루려면 이용자가 가스비를 지급하기 위해 암호자산을 입수하거나 구매해야 하는 높은

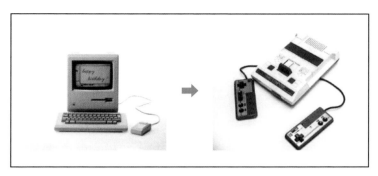

출처: 해시파레트의 화이트페이퍼

진입 장벽을 넘어야 한다. 둘째로, 이더리움에는 NFT가 아닌 앱도 섞여 있다. 최근에는 트랜잭션 단가가 높은 디파이가 확대되면서 가스비가 폭등했고, 이용자가 가스비 문제로 스트레스를 받고 있다. 셋째로, 생태계의 규칙을 마련하기 위한 합의를 이끌어내는데 엄청난 시간과 노력이 필요하다. 이더리움에는 다양한 용도가 있어서 NFT 크로스 체인Cross chain*과 같은 인프라를 정비하기가 매우 까다롭다.

이더리움으로 NFT를 유통할 때 발생하는 여러 문제를 해결하기 위해 탄생한 것이 NFT 특화형 블록체인이다.

★ 서로 다른 블록체인을 연결하는 중간 다리 개념의 체인

NFT 특화형 블록체인의 잠재력 ───────

NFT의 진입 장벽을 낮추려면 이용자가 부담 없이 NFT를 활용할 수 있게끔 환경을 조성해야 한다는 요구가 늘면서 NFT 특화형 블록체인에 대한 관심이 높아졌다. 이더리움을 컴퓨터라고 하면 NFT 특화형 블록체인은 게임기에 비유할 수 있다. 컴퓨터는 웹 브라우저나 동영상을 시청하고 프로그램을 만들고 게임을 즐기는 등 다양한 방법으로 이용할 수 있지만, 컴퓨터 안에서 설정을 하거나 앱을 깔아야 하는 등 복잡한 조작을 거쳐야 한다. 반면, 게임기로는 게임밖에 할 수 없지만, 소프트웨어만 설치해놓으면 어린이부터 어른까지 바로 손쉽게 놀이를 즐길 수 있다. 이렇듯 NFT 특화형 블록체인에서는 곧바로 편리하게 NFT를 이용할 수 있다.

NFT 특화형 블록체인인 팔레트 체인은 이더리움이 안고 있는 문제의 해결책을 일반 이용자와 사업자 모두에게 제시한다. 첫 번째 핵심은 NFT를 이전할 때 가스비가 발생하지 않도록 한 데 있다. 따라서 이용자는 암호자산 비용을 의식하지 않고 NFT 및 블록체인 서비스를 이용할 수 있으며 암호자산에 관심 없는 이용자도 NFT를 활용할 수 있다.

두 번째 핵심은 앱을 NFT로만 한정한 것인데, 가스비를 안정시키면 가스비 폭등의 염려도 사라진다. 가스비는 NFT를 발행할

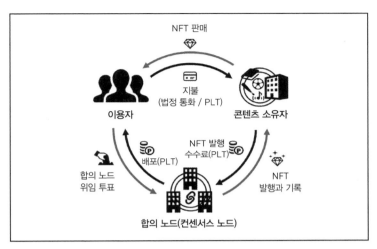

출처: 해시파레트의 화이트페이퍼

때 발생하지만, 참여하는 구성원들이 회의를 거쳐 가격을 결정하기 때문에 사업 계획을 예측하기가 수월해진다.

세 번째 핵심은 크로스 체인을 도입한 것인데, 그렇게 하면 블록체인 네트워크를 넘나들며 콘텐츠를 유통할 수 있게 된다. NFT가 복수의 블록체인을 자유로이 오갈 수 있으므로 사업자는 어느블록체인에서 NFT를 발행해야 할지 고민할 필요 없이 마음 놓고 NFT 사업을 시작할 수 있다.

팔레트 체인의 자체 토큰인 PLT는 일본에서 최초로 IEO Initial exchange offering(암호자산 거래소가 판매 및 상장을 심사하는 일)를 실시했다. 9억 엔 상당의 PLT 추첨 판매에 응모된 금액이 224억 엔이었다. 2차 거래를 시작하고 한 달 만에 시가총액이 40억 엔에서 일시적으로 890억 엔까지 급등했고, 그 후 800억 엔대를 유지하고 있다. 단가로는 1PLT당 4.05엔에 IEO를 실시했고 98엔에 근접한 높은 가치를 얻었다.

이 가격 추이는 이용자 또는 시장에서 NFT 플랫폼에 보이는 높은 기대감의 표출이며, 향후에도 NFT 시장은 크게 성장할 것이다. 해시파레트는 앞으로도 많은 기업과 이용자를 배려하며 NFT 시장을 확대할 만한 시책을 꾸준히 전개할 것이다.

참조: https://coincheck.com/ja/exchange/charts/coincheck/plt_jpy/3600

표2 **주요 블록체인**

개발 기업	해시포트 / 해시파레트	카카오 / 클레이튼	대퍼랩스	라인 / LVC	왁스
블록체인 명칭	팔레트	클레이튼	플로우	라인	왁스
운용회사 소속국	일본	한국	미국	일본 / 한국	미국
자체 토큰 명칭	PLT	클레이	플로우	링크LN	왁스
일본의 독자적인 토큰 유통	있음	없음	없음	있음	없음
블록체인 형식	컨소시엄 체인	컨소시엄 체인	퍼블릭 체인 (퍼미션형)	프라이 베이트 체인	퍼블릭 체인
합의 알고리즘	I-BFT / dPoS	I-BFT / VRF–PoS	BFT / PoS	PBFT / VRF–PoS	BFT / DPoS
개발 언어	고GO	고Go	케이던스 Cadence	미공표	C++
운용 주체	팔레트 컨소시엄	클레이튼 거버 넌스 평의회	익명의 복수 노드	언체인 (라인 자회사)	익명의 복수 노드
발행자(IP 소유자) 의 가스비 부담	없음 (선택 가능)	있음	있음	없음(개발 기반 이용료 부담)	있음
이용자(유저)의 가스비 부담	없음	있음	있음 (발행자 부담)	없음	없음
NFT 블록체인 기능	있음	없음	없음	없음	없음
발행자(IP 소유자) 의 자체 지갑 작 성 가능 여부	가능	가능	불가	불가	가능
거버넌스 수법 (사양 변경 방법 등)	컨소시엄에 의한 오픈 체인 거버넌스	평의회에 의한 오픈 체인 거버넌스	대퍼랩스가 결정(서서히 분산화 예정)	LVC에서 결정	왁스에서 결정

대표적인 서비스

NFT 특화형 블록체인이 몇 가지 있지만, 일본에는 해시포트의 자회사인 해시파레트에서 운영하는 팔레트 체인과 라인에서 운영하는 라인 블록체인이 있다. 표에서도 살펴볼 수 있듯이, NFT 특화형 블록체인인 두 블록체인은 글로벌 경쟁사와 비교해도 손색없는 성능을 자랑한다.

우선, 팔레트 체인에는 NFT의 크로스 체인 기능이 있다. NFT를 팔레트에 머물게 할 필요 없이 이더리움과 같은 범용 블록체인으로 이동시킬 수 있으므로 NFT 사업을 전개하기 위해 어느 블록체인을 선택해야 하는지 고민하지 않아도 된다. 또 체인에 의존하지 않고 NFT를 유통할 수 있다. 그 밖에도 콘텐츠 소유권자가 자체 지갑을 작성할 수 있어 각 사업자가 자유로운 제작 환경에서 NFT 사업을 이어갈 수 있다.

라인 블록체인은 싱가포르에서 자체 토큰인 링크LN를 발행한 후 일본에서 2020년 4월부터 거래를 시작했다. 주식의 가치가 하락한 후 시가총액이 880억 엔까지 상승했다. 2021년 6월부터는 라인의 디지털 자산관리 지갑인 라인 비트맥스 월렛LINE BITMAX Wallet에서 NFT 아이템을 거래할 수 있도록 NFT 마켓 베타를 제공하기 시작했다. 또 2021년 겨울부터는 야후와 연계해 네트워크 경매 서비스인 야후오쿠!ヤフオク!에서 NFT 아이템을 거래할 수

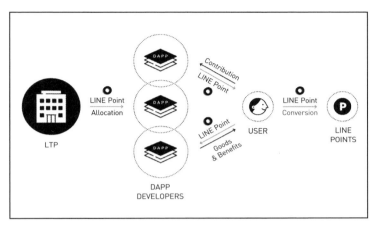

참조: https://linecorp.com/ja/pr/news/ja/2018/2366

있도록 했다. 라인이나 야후오쿠!의 이용자 수를 고려하면 대중에게 NFT를 알리는 계기가 되리라고 기대한다.

NFT 특화형 블록체인의 과제

NFT는 이용자에게 새로운 콘텐츠 유통을 체험할 기회를 제공하지만, 몇 가지 과제를 안고 있다. 우선 자금 세탁 대책이나 저작권 보호와 같은 법적인 문제를 해결해야 한다. 그리고 NFT는 블록체인 안에 디지털로 존재하기 때문에 대부분 가격 변동 폭이 큰 암호자산으로 거래된다. 이용자나 콘텐츠 소유권자의 편의를 생각하면 디지털 통화나 법정통화에 근거한 스테이블 코인으로 대응하는 게 바람직하다. NFT 특화형 블록체인은 이 과제들과 정면으로 부딪쳐야 한다.

해시포트는 암호자산의 자금 세탁과 사기 같은 금융 범죄를 방지하기 위해 감시 서비스를 제공하는 암호화폐 분석회사인 엘립틱Elliptic Enterprises Limited과 업무 제휴를 맺고 있다. NFT를 자금 세탁에 이용하지 못하도록 엘립틱과 협력해 규제 환경에 대응한 NFT 플랫폼을 구축해서, NFT 사업자의 법적 위험도를 낮추고 안정된 서비스를 제공하기 위해서다.

팔레트 체인은 저작권을 보호하기 위해 팔레트 컨소시엄의 노드만 NFT를 발행할 수 있도록 설계되어 있어, 일정 부분 제약이 가능하다. 팔레트 체인에서는 NFT를 둘러싼 과제를 해결하고 국제 기준에 맞추어 NFT 플랫폼을 운영하고자 힘쓰고 있다. 훌륭한 창작자와 콘텐츠가 NFT를 통해 세계에 뻗어 나가 새로운 경제망을 펼칠 날을 기대한다.

- -

13

NFT 기술의 과제

NFT 보급에 필요한
네 가지 기술적 문제와
해결책

NFT는 기술적으로 여전히 갈 길이 멀다. 많은 과제가 산적해 있지만, 이는 곧 발전의 여지가 있다는 뜻이기도 하다. 코인체크에서 개발 프로젝트를 담당하는 젠포우 준이 1부의 마지막 장을 맡아 NFT의 기술적 과제를 네 가지로 나누어 설명한다.

젠포우 준 ——————————————————— 善方淳

코인체크 테크놀로지 CTO로서 기술을 책임지고 있다. 2018년 3월 코인체크에 엔지니어로 입사한 후 2019년 3월까지 콜드월렛 팀에서 신규 개발, 운용, 보수를 담당했다. 2019년 4월부터는 핫월렛 그룹에서 사업 개발, 운용, 보수를 담당하고 있다. 일본 최초로 코인체크 NFT와 코인체크 IEO의 개발 및 프로젝트 매니저를 역임했다.

NFT의 용어와 네 가지 기술적 과제

NFT는 여러 블록체인에서 발행하며, 다양한 특징을 지닌 NFT 마켓 플레이스에서 운영한다. 그러나 기술적인 문제가 산적해 있어 아직 갈 길이 멀다. 이 장에서는 기술적인 과제 네 가지를 다루며, 주로 이더리움에서 발행하는 NFT에 초점을 맞출 것이다. 네 가지 과제란 바로 NFT의 화상 데이터 관리 문제, 확장성 문제, 마켓 플레이스 사이의 호환성 문제, 환경 파괴 문제다.

본론으로 들어가기 전에 자주 언급되는 용어부터 설명하겠다.

- 트랜잭션 : 이더리움을 송금하거나 스마트 계약을 실행하는 등 블록체인에서 처리된 거래의 데이터가 기재된 정보
- 메타데이터 : NFT는 메타데이터라고 하는 가상의 데이터 영

역 안에 있으며, 그곳에는 NFT의 명칭name, 설명description, 화
상 URLimage이 데이터로 기록되어 있다.

- 디스크립션 : 메타데이터 영역에 존재하는 NFT의 설명을 기
  재한 데이터
- 서드 파티 : 당사자가 아닌 제삼자를 말한다. 여기서는 관리
  자인 서비스 프로바이더*가 아닌 AWS(아마존 웹 서비스) 등
  을 가리킨다.
- 스토리지 서비스 : 인터넷으로 이용할 수 있는 온라인 데이
  터 보존 서비스
- 스케일러빌리티 : 트랜잭션을 동시에 많이 처리할 수 있는
  최대한의 처리 성능. 흔히 확장성이라고 한다.

첫 번째 문제 : NFT의 화상 데이터 관리 ─────

현재 다양한 블록체인에서 NFT 마켓 플레이스가 운영되고 있
는데, 각각의 마켓 플레이스에서 다루는 NFT는 대부분 두 가지
타입으로 나뉜다.

★ 인터넷에 접속할 서비스를 대행하는 회사

- 타입 1 : NFT의 화상 데이터를 블록체인 외부에서 관리하는
  NFT
- 타입 2 : NFT의 화상 데이터를 블록체인 안에서 관리하는
  NFT

이 두 가지 타입의 NFT에서 데이터를 관리하는 데 문제점이
있다.

타입 1 : NFT의 화상 데이터를 블록체인 외부에서 관리하는 NFT

현재 이더리움에 기반을 둔 NFT 마켓 플레이스에서 취급하는
NFT는 대부분 메타데이터라고 하는 독자적인 데이터를 취득하
기 위한 URL을 블록체인에 보관한다. 그 메타데이터 안에는 NFT
각각의 이름이나 설명서, 화상 데이터 URL 등이 데이터로 기록되
어 있다.

그런데 화상 데이터 URL은 블록체인 안에는 존재하지 못해서,
AWS 등 외부에 있는 제삼자(서드 파티)의 저장공간에서 관리한
다. 결국 블록체인에는 화상 데이터가 없으므로, 다양한 NFT 서
비스가 블록체인 외부에 있는 AWS 등에서 화상 데이터를 가져와
야 한다.

이런 방식으로 화상 데이터를 관리하는 데에는 이유가 있다.
블록체인에 화상 데이터처럼 용량이 큰 데이터를 보존하면 가스

비라고 하는 이더리움 트랜잭션 수수료가 높아져서 NFT를 관리하는 비용이 터무니없이 비싸진다. 그래서 NFT의 화상 데이터 자체는 블록체인 외부에 있는 제삼자의 저장공간에 보관하고, 블록체인에는 그 화상 데이터의 URL(엔드포인트)만 남겨둔다. 이렇게 하면 데이터 용량이 작아지므로 NFT를 관리하는 비용도 저렴해진다. 따라서 일반적으로 NFT 마켓 플레이스에서 다루는 대부분의 NFT 화상 데이터는 관리 비용 때문에 대개 제삼자의 저장 서비스를 이용한다. 그런데 NFT의 화상 데이터를 관리하는 저장 서비스가 위험에 노출되면 이용하지 못하게 되는 문제가 생긴다.

앞서 설명했듯이, NFT의 화상 데이터 자체는 블록체인에 없다. 그래서 화상 데이터를 보관한 저장공간이 무언가의 영향을 받아 이용하지 못하게 되면 화상 데이터를 돌려받지 못한다. 가령, 미술이나 트레이딩 카드 게임처럼 시각적 요소가 중요한 NFT 콘텐츠를 다루는 서비스일 경우에는 그 NFT의 화상 데이터를 저장 서비스에서 가져오지 못하기 때문에 NFT를 구매해서 이용하고자 하는 사람은 큰 불편을 겪게 되고, NFT의 가치 자체가 하락할 우려도 있다.

타입 2 : NFT의 화상 데이터를 블록체인 안에서 관리하는 NFT

아직 드물기는 하지만, 화상 데이터를 블록체인에서 관리하는 사례가 나오고 있다. 단적으로 타입 1에 해당하는 NFT 중에서 화상 데이터를 블록체인에서 관리하면 타입 2에 속하게 된다. 이런 NFT는 NFT의 모든 데이터를 블록체인 안에서 관리하기 때문에, 화상 데이터를 보관하는 외부 서비스의 영향을 받아서 NFT 이용에 불편을 겪을 일도 없고 NFT의 가치가 하락할 일도 없다. 그러나 NFT의 모든 데이터를 블록체인에서 관리하면 데이터 용량이 커져서 그만큼 많은 가스비를 지불해야 하므로 NFT의 관리 비용이 많이 든다는 단점을 감수해야 한다.

이렇게 단점이 존재하는데도 화상 데이터를 포함해 NFT의 모든 데이터를 블록체인에서 관리하려는 이유는 NFT를 소유한다는 개념을 명확하게 하기 위해서다. 타입 1과 타입 2의 NFT를 비교하면 타입 1은 어디까지나 외부 서비스를 이용해 NFT를 관리하기에 이용자가 NFT를 구매해서 자신의 것으로 소유한다 해도 화상 데이터 자체는 외부 서비스에 고스란히 남는다. 그러면 이용자가 NFT를 온전한 본인의 소유물로 인정하기 어려울 것이다. 그러나 타입 2의 NFT라면, 모든 데이터가 블록체인에만 존재하므로 NFT를 구매해 자신의 것으로 소유한 순간부터 외부 서비스의 영향을 받지 않는다. 어느 타입이 옳은지, 또 어느 쪽이 더 이상적인지는 사람마다 다르겠지만, NFT를 구매할 때 지표로 삼아도 흥미로울 듯하다.

두 번째 문제 : 확장성

최근 이더리움 네트워크는 금융기관이 중개 업무를 맡았던 기존 시스템을 없애고 디파이라는 분산형 금융 서비스를 추구하기 위해 블록체인에 금융 앱을 구축했는데, 이 앱의 인기가 하늘 높은 줄 모르고 치솟고 있다. 그 인기의 여파로 이더리움에서 거래 건수가 기하급수적으로 늘어났고, 네트워크 수수료가 급증하는 거래 규모 문제가 두드러지고 있다.

가령, 이더리움의 가스비를 확인할 수 있는 사이트(https://etherscan.io/chart/gasprice)를 보면, 2020년 5월 즈음부터 가스비가 서서히 상승하다가 현재까지 상당히 들쭉날쭉하며 변동했다. 한때는 급등해서, 한 번의 거래를 위해 당시 이더리움 가격으로 수만 원부터 수십만 원의 수수료를 내지 않으면 이더리움에서 거래를 할 수 없는 상황도 있었다. 즉, 이더리움에서 여러 디파이나 NFT 마켓 플레이스처럼 디앱 DApps, Decentralized applications 이라고 하는 탈중앙화 애플리케이션 서비스를 이용하는 거래가 늘면서 거래 건수가 증가하고 덩달아 가스비도 서서히 올라가서, 이더리움에서 처리하는 모든 거래에 영향을 미치게 된다.

이런 확장성 문제를 해결하기 위해 2016년부터 수많은 기업과 단체에서 기술을 연구하고 있으며, 최근 들어 레이어 2라고 하는 기반 기술이 주목을 받고 있다. 레이어 2는 이더리움 블록체인과

　　　　　　　NFT로 부의 패러다임을 바꾼 사람들

별도로 외부 환경에서 안전하게 거래를 처리하기 위한 기술의 총칭이다. 이더리움 블록체인의 메인 처리 기능을 첫 번째 층이라고 해서 레이어 1이라 부르고, 그 밖의 처리는 두 번째 층에서 한다는 뜻에서 레이어 2라고 부른다(p.206 참조). 레이어 2의 목적은 레이어 2라는 틀에 별도로 처리 기능을 마련하고 레이어 1에서 메인으로 처리하는 거래량을 줄여서 확장성 문제를 해결하는 데 있다.

이렇듯 확장성 문제를 해결하기 위한 연구개발이 활발하게 진행되고 있지만, 레이어 2를 다양한 이더리움 프로젝트에 활용할 수 있는 단계는 아직 아니다. 블록체인과 다른 환경인 레이어 2가 거래의 안전성을 어떻게 담보할 것인가 하는 보안상의 숙제를 풀어야 하고, 그러기 위해서는 기술의 장벽을 넘어야 하기 때문이다.

세 번째 문제 : 마켓 플레이스 사이의 호환성

이더리움에서 운영되는 마켓 플레이스는 제각기 스마트 계약이라는 블록체인 속 프로그램을 통해 독립된 기능과 독자적인 운영체제를 갖는다. 스마트 계약은 각각의 NFT 마켓 플레이스에 필요한 기능을 갖추고 있는데, 이를테면 마켓 플레이스 안에서 NFT

를 신규로 발행하는 기능이나 NFT의 매매 수수료 비율 및 구조 등이 그 안에 프로그램되어 있다. 이들 프로그램은 마켓 플레이스마다 다르기 때문에 NFT를 발행할 때 규격이나 매매 수수료율도 달라진다. 즉, 마켓 플레이스끼리 호환이 되지 않아서 한 마켓 플레이스에서 발행한 NFT를 다른 곳에서 사용하지 못하거나 창작자인 NFT 발행자에게 돌아가는 이익률에 차이가 생기기도 한다.

호환성 문제는 서로 다른 NFT 마켓 플레이스에 공통으로 적용되는 규격이 애초에 없으니 발생할 수밖에 없다. 호환성이 없다는 말은 NFT 자체에 유동성이 없어서, 당사자 모두가 수익 창출의 기회를 잃는다는 뜻이다. 이를테면 창작자는 발행한 NFT를 더욱 많은 이용자에게 홍보할 기회를, 이용자는 NFT를 더욱 많은 마켓 플레이스에서 거래할 기회를, 마켓 플레이스 운영체는 거래 건수나 판매 기회를 얻지 못하기 때문이다. 이렇게 마켓 플레이스끼리 호환이 되지 않는 문제는 마켓 플레이스 운영체, NFT 발행자, 이용자 누구에게도 이득이 되지 못한다. 따라서 마켓 플레이스 간 호환성 문제를 해결하는 과제가 향후 NFT 발전에 주효하게 작용할 가능성이 크다.

네 번째 문제 : 환경 파괴

NFT는 물론이고 비트코인이나 이더리움 같은 블록체인 기술을 활용한 시장이 활기를 띠고 있지만, 채굴(마이닝mining) 과정에서 발생하는 대대적인 전력 소비가 환경에 큰 영향을 미친다는 문제가 제기되고 있다.

예를 들면, 케임브리지대학교에서 발표한 비트코인의 소비 전력 지표를 보면, 비트코인의 연간 추정 소비 전력은 82.18테라와트아워TWh다. 이를 국가별 연간 소비 전력량 순위와 비교하면 세계 34위인 아랍에미리트와 비슷한 전력량을 소비하고 있다는 말이 된다(2021년 8월 기준).

비트코인만이 아니라 이더리움도 방대한 계산 작업을 거치기 때문에 버금가는 전력을 소비하고 있어, 환경문제에 민감한 콘텐츠 제작자나 창작자, 이용자 들 사이에서 우려의 목소리가 해마다 높아지고 있다.

비트코인이나 이더리움 등이 어마어마한 전력을 소비하는 이유는 작업증명PoW이라고 하는 거대 계산에 기반을 둔 합의 알고리즘이 블록을 생성하기 때문이다. 이 합의 알고리즘의 종류에는 작업증명 말고도 여러 가지가 있는데, 그중 눈여겨보아야 할 내용은 지분증명PoS이다. 지분증명은 계산량에 따라 블록을 생성하는 작업증명과 달리 자신이 보유한 토큰의 양에 따라 블록 생성에 참여할 수 있다. 따라서 작업증명보다 지분증명이 훨씬 계산량이 적은 상태로 블록을 생성할 수 있으므로 블록체인 네트워크를 유지하는 데 써야 하는 소비 전력을 줄이고, 환경에 주는 부담도 낮출 수 있을 것이다.

현재 이더리움은 이더리움 1.0이라고 하는 작업증명 중심의 블록체인 시스템으로 이동하고 있으나, 미래에는 이더리움 2.0이라는 완전히 새로운 작업증명으로 넘어가는 블록체인 시스템으로 이행한다고 한다. 따라서 이더리움이 향후 환경에 미치는 부담을 줄이면 이더리움에서 거래되는 NFT가 환경에 미치는 영향도 결과적으로 줄어들게 된다.

NFT 보급을 위해
반드시 해결해야 할 기술적 과제

이밖에도 기술적인 과제가 많지만, 특히 중요하다고 판단되는 네 가지만 추려서 살펴보았다. 어느 과제건 해결하려면 많은 시간을 투자해야 하겠으나 해결 후에 얻는 혜택은 엄청난 것들뿐이다. NFT를 앞으로도 훨씬 많은 사람들에게 보급하려면 이 과제들을 반드시 해결해야 한다.

NFT는 2020년 즈음부터 서서히 거래량이 많아졌고, 2021년

8월에는 거대 NFT 마켓 플레이스인 오픈씨의 과거 30일간 거래 금액이 1340억 엔(1조 3644억 원)으로 팽창할 정도로 NFT 시장이 과열했다. 특히 거래량이 많았던 분야가 미술인데 2021년 3월에는 디지털 아티스트 비플의 디지털 아트 콜라주가 780억 원에 낙찰되어 화제를 모으며 시장을 주도했다.

디지털 아트 분야에서는 NFT 미술이라는 완전히 새로운 기술의 콘텐츠나 개념이 급속도로 퍼져나가고 있다. 이들 콘텐츠나 개념은 인기 아티스트나 디지털 아트처럼 한정된 인물이나 분야에 국한된 이야기가 아니다. 우리 같은 일반 시민이 손쉽게 NFT를 활용할 수 있고, 게임 콘텐츠나 TCG처럼 좀 더 대중적인 콘텐츠 분야에서 NFT가 이용될 가능성이 상당히 크다.

그러나 앞서 다룬 NFT의 과제에 집중해보면 여전히 일반 시민이 가벼운 마음으로 사용할 만한 구조나 서비스 설계는 아니다. 더욱 많은 사람이 NFT를 간편하게 사용하고 더욱 많은 분야에서 NFT가 활용되어 세계 곳곳과 거래를 할 수 있게 되려면 역시 이 네 가지 기술적인 과제를 해결하는 일이 관건이 될 것이다.

2부

NFT가 그리는 미래

일본암호자산비즈니스협회 NFT부회 회장

아모 겐스케

지금까지 다양한 NFT 산업 분야에서 선두에 서 있는 기업들을 소개했다. 이로써 NFT를 둘러싼 전체적인 그림은 잡혔으리라 믿는다. 2부는 NFT의 미래에 관한 이야기다. 제목이 좀 거창하지만, NFT라는 새로운 과학기술이 앞으로 어떻게 진화할 것이며 어떤 가능성을 품고 있는지는 독자 여러분도 궁금해할 만한 주제일 듯싶다. 전문가들의 지식과 경륜을 참고삼아 생각해보고자 한다.

1장은 세계적으로 유명한 디지털 자산 보도 매체인 코인데스크의 일본판《코인데스크 재팬》및 일본 최대의 블록체인 콘퍼런스인 '비도쿄btokyo' 등을 운영하는 엔.애비뉴/코인데스크재팬의 대표 가미모토 유키가 맡았다. 세계적 추세와 함께 NFT와 무형자산이 결합하는 상황을 설명한다. 2장은 니혼게이자이신문의 핀테크 에디터인 세키구치 게이타가 맡았다. NFT가 형성하는 시장에서 암호자산과 NFT 등이 연계된 금융 전반을 폭넓게 꿰고 있는 그가 현상을 부감했다. 미래를 통찰하는 주관과 객관의 시점을 두루 갖추면 비전은 더욱 뚜렷해진다. 국내외 동향을 세세하게 살피고 객관화하기 위해 미디어 분야에서 활약하는 두 사람에게 글을 의뢰했다.

3장과 4장은 사업의 주체자로서 NFT 업계를 대표하는 두 사람이 담당했다. 3장에는 애니모카 브랜즈의 얏 시우 회장이 등장한다. 홍콩에 거점을 둔 유니콘 기업인 애니모카 브랜즈는 블록체인, NFT, 게임 분야에서 세계적인 선구자다. 그에게 향후 세계에서 일어나게 될 변혁을 내다보는 지혜를 구했다. 4장은 구미gumi 창업자로 유명한 구니미쓰 히로나오가 맡았다. 현재 블록체인 관련 사업 피낭시에와 VR 게임을 개발하는 서드버스Thirdverse에 주력하는 쿠니미츠 회장에게 NFT를 포함해 다양한 기술이 합류할 미래상을 놓고 자문을 얻었다. 최고운영자의 지혜가 응축된 관점은 NFT의 전망을 알아가는 데 참고가 될 것이다.

앞으로도 크고 작은 우여곡절이 있겠으나, NFT의 가능성은 무한하게 펼쳐져 있으며 미래 또한 밝다. 나는 NFT를 인터넷 이후 최초의 혁명이라 자신한다. 여러분 개개인이 그리는 NFT의 미래가 조금이라도 선명해지길 소망한다.

세계 경제의 뉴 트렌드,
새로운 가치를 창출하는
무형자산의 혁명

세계 유수의 디지털 자산 보도 미디어인 코인데스크의 일본판《코인데스크 재팬》, 일본 최대 규모의 블록체인 콘퍼런스인 비도쿄 등을 운영하는 회사 엔.애비뉴/코인데스크재팬의 대표인 가미모토 유키가 NFT의 트렌드를 보고한다.

가미모토 유키 ——————————————————— 神本侑季

엔.애비뉴N. Avenue 및 코인데스크재팬CoinDesk Japan의 대표. 2013년에 야후재
팬(현재는 소프트뱅크 그룹 산하의 제트홀딩스로 법인명 변경)에 입사해 미디어 및
광고 개발, 신규 사업 기획을 담당했다. 2018년부터 제트코퍼레이션에서
암호자산 및 블록체인 분야에 관한 조사, 사업 개발에 관여했고 같은 회사
에서 출자한 엔.애비뉴 설립에 참여해 현재는 대표이사로 재직하고 있다.
《코인데스크 재팬》과 비도쿄를 운영한다.

NFT는 한때의 붐으로 끝날까 ——————

    일본 안팎의 블록체인과 디지털 자산 정보를 보도하는《코인데스크 재팬》에서 NFT에 관한 뉴스가 급증하기 시작한 건 2020년 후반부터다. 2021년으로 접어들면서 몇 가지 획기적인 고액 거래에 사람들의 시선이 쏠렸고, 기존 산업의 거대 미디어까지 앞다투어 보도했다. 이를 계기로 소수의 암호자산 이용자를 넘어 비트코인의 움직임에 그다지 관심 갖지 않는 새로운 층의 유입이 늘어난 것은 우리에게 매우 기념비적인 일이다.

    그렇다면 이 새로운 향유층은 실체가 없는 컴퓨터상의 '그저 단순한 데이터'에 자산 가치가 몰리기 시작하는 현상을 어떻게 받아들여야 할까. 만일 단순하게 일시적인 유행을 지켜보자는 정도로만 인식한다면 그 이면에 깃든 본질을 놓치는 것일지도 모른다.

출처 https://www.coindeskjapan.com/115422/
　　　https://www.coindeskjapan.com/102139/
　　　https://www.coindeskjapan.com/103169/

세계는 무형자산으로 향하고 있다 ────

그 배경을 이해하려면 우선 오늘날 세계 경제의 흐름에 주목해야 한다. 지금 세계 경제는 무형자산이 지배하기 시작했다. 무형자산이란 물적인 실체가 존재하지 않는 자산을 말하는데, 특허나 브랜드 상표권, 저작권, 데이터, 소프트웨어 등의 지식재산이 여기에 해당한다. 또한 기술이나 비결을 습득한 직원의 인적 자원, 기업문화, 제품관리 과정 등과 같은 기반 자산도 포함한다. 미국에서는 GAFA[구글, 아마존, 메타(페이스북), 애플]의 강세가 상징하듯이, 부동산이나 자동차 등의 물질적인 상품을 판매하는 기업보다 무형자산에 더 많이 투자한다. 디지털을 활용해 개개인에게 최적화되고 더욱 확장된 서비스를 제공하는 기업이 많은 가치를 생산하는 경제의 중심이 되었다. 최근 팬데믹으로 인해 강제로 이행된 디지털 소프트와 세계적인 금융정책으로 갈 곳 잃은 자금이 이런 무형자산을 보유한 기업이나 재료에 몰렸다. 비트코인을 중심으로 암호자산이 탄생한 뒤 12년이 흐르며 비약적으로 성장한 것도 그런 현상 중 하나로 볼 수 있다.

NFT는 혁신적인 무형자산

NFT 마켓 플레이스에서는 상업적으로 이용이 허가된 캐릭터의 라이선스나 유명 요리사의 조리법 동영상, 통신사에서 보유한 역사적 순간의 영상 일부도 NFT로 판매한다. 이런 현상과 세계적인 무형자산으로 쏠리는 돈의 움직임은 같은 맥락이 아닐까 싶다. NFT는 지식재산 등의 다양한 무형자산을 디지털상에서 특정하고 거기에 희소성을 담보하며 누구나 쉽게 접근하도록 해서 금융가치를 붙여 유동화할 수 있기 때문이다. 지금까지 먼지만 쌓여있던 자산이 가치를 지닌 상품으로 부활해 유통되는 셈이다. 그런 의미에서 NFT는 단순한 거품이 아니라 도도한 물결을 타는 시대의 요청이며, 앞으로 하나의 경제 기반으로 성장해갈 것이다.

암호자산(비트코인)을 가능케 한 블록체인은 금융의 혁신이라 불리는데, 그중에서도 NFT는 무형자산의 혁신이라 할 수 있다.

새로운 가치와 문화의 창출

일본 안팎에서 NFT 관련 업계에 종사하는 사람들과 대화를 나눌 때마다 느끼지만, NFT가 효력을 발휘하려면 충분한 상상력이 필요하다. 프라이머리에서 15억 엔 이상을 판매한 해시마스크라는 미술 프로젝트를 예로 들어보자. 이 미술 작품의 NFT를 보유한 사람에게는 해시마스크에서 독자적으로 발행하는 암호자산인 NCTName Change Token가 하루에 열 장씩 자동으로 배포된다. 이 암호자산을 6개월 정도 모으면 작품에 이름을 붙일 수 있는 명명권

디지털 아트 해시마스크, 420이더리움(65만 달러, 약 7억 9천만 원)에 거래되다

출처: https://www.coindeskjapan.com/98546/

을 얻는다. NFT 미술을 소유하기만 해도 암호자산의 이자를 한 푼 두 푼 저축할 수 있고, NCT를 반년치 구매해서 이름을 붙인 다음 작품을 매각해 이익을 낼 수도 있다. 실물 작품에서는 이런 다양한 재미를 즐기지 못한다. 또 세계적으로는 몇 가지 VR 게임이 아바타

NFT로 부의 패러다임을 바꾼 사람들

나 토지 같은 게임 속 아이템을 NFT로 판매해 이용자 수를 확대하고 있다. 이렇듯 NFT의 가치를 판단하려면 디지털 전문가인 이용자가 어떤 특전이나 체험에 가치를 두는지 살피며 아날로그적인 상식을 떨쳐버려야 한다. 왜냐하면 우리는 그것이 새로운 문화가 되어가는 변혁기를 겪고 있기 때문이다.

더 넓은 금융세계를 가능케 하는 NFT

2019년, 메타는 디엠이라는 새로운 글로벌 통화를 구상하겠다고 공표했다. 은행 계좌가 없어도 스마트폰만 있으면 누구나 금융 서비스를 이용할 수 있도록 한다는 것이었다. 그 후 세계 금융당국이 강력히 비판해 계획을 축소할 수밖에 없었고, 2022년 3월, 관련 기술을 실버게이트 캐피털Silvergate capital에 2억 달러(약 2400억 원)에 매각하고 디엠 사업에서 철수한 상태다. 하지만 그 구상의 중심에 있었던 금융포용Financial Inclusion*이라는 매력적인 화두를 지금은 NFT가 다른 형태로 실현하고 있다. 베트남의 스카이 메이비스사에서 발표한 액시 인피니티는 이더리움 블록체인을 활용한

★ 금융에서 소외된 계층이나 영세 소기업이 합리적인 비용으로 금융 서비스를 받도록 하는 것

분산형 앱DApps이다. 플레이어가 액시라는 귀여운 디지털 생물을 번식 및 사육하고 전투에도 내보낼뿐더러 NFT로 발행한 액시를 거래한 뒤 게임 속 통화를 돈으로 바꾸어 수익을 창출하는 이 게임이 팬데믹으로 침체기에 빠진 필리핀 경제를 뒷받침하고 있다. 성인 중 겨우 23퍼센트만이 은행 계좌를 보유한 필리핀에서 스마트폰이나 PC로 참여하는 이 블록체인 게임이 다른 어떤 정책보다 금융포용 기능을 충분히 발휘하고 있는 현상은 특필할 만하다.

거의 모든 사람이 은행 계좌를 보유하고 있는 다른 국가에서는 필리핀과 같은 경제적 과제를 피부로 느끼기 어려울 수도 있다. 그러나 NFT는 각국에 특화한 방식으로 금융포용을 실현하지 않을까 싶다. 일본에서는 "저축에서 투자로"라는 경제정책이 발표된 지 한참 지났지만, 그 과정은 더디기만 해서 일본인의 가계 금융 자산은 여전히 대개 투자보다는 현금이나 예금이다.

출처: https://www.coindeskjapan.com/117620/

디지털 자산에서 흥미로운 점은 금융 가치와 토큰 자체에 쓸모 있는 실용적 요소를 함께 설계할 수 있다는 것이다. 예를 들면, 앞서 언급한 액시 인피니티가 발행한 코인 AXS는 암호자산인데 게임 안에서 통화로도 쓰인다.

NFT는 더 감성적으로 대중에게 접근해서 개개인의 취미를 반영하고 보완하는 기능에 충실할지도 모른다. 금융 이해력이 낮은 이들에게는 처음부터 증권 계좌를 개설해 어려운 수익을 예측하고 투자 계획서를 해독하며 금융상품을 사느니, 해시마스크와 같이 마음에 드는 디지털 아트를 구매해 이익을 얻는 체험이 금융거래에 관심을 두는 계기가 될지도 모를 일이다.

NFT는 상당히 고가라서 일부 사람에게만 가치를 인정받는 틈새시장으로 시작했으나, 앞으로는 수수료 등의 문제를 극복하고 대중에게 친근하게 다가갈 것이다.

다양해진 가치가 더욱 많은 사람에게 동기를 부여하고 금융 거래를 유도해 기업이나 프로젝트와 중장기적인 관계를 맺는 흐름을 형성하면, 금융이 수단이 되어 경제 분야에 금융포용과 같은 영향을 미친다는 점이 매우 인상적이라 하겠다.

일본에서 높아지는 기대감

일본 경제에서는 지적재산 중심의 무형자산이 경쟁력의 원천으로 중요한 경영자원이 되었으나, 여전히 실체가 있는 물건에 투자해야만 의미가 있다는 인식 때문에 세계적인 혁신에 보조를 맞

라인과 야후의 결합, NFT를 야후오쿠! 에서
- 2차 유통시장의 확대를 꿈꾸며

2021년 7月 27日 13:47 · 2021년 7月 27日 13:47 분칭

🐦 f B!   NFT

coindesk JAPAN

출처: https://www.coindeskjapan.com/117267/

추지 못하고 있다. 하지만 일본에는 콘텐츠로 이미 전 세계가 인정한 지식재산과 전통 기술이 다양하므로 NFT를 활용할 수 있는 재료들이 넘쳐난다. 특히 원칙금융규제에서 벗어나 있어 국제적으로도 뒤처지지 않고 각 분야에서 규칙이나 다양한 사례를 만들며 전개할 기회가 풍성할 것으로 전망한다. 이 책에 목소리를 담기 위해 여러 집필진이 뜻을 모았다는 건 이미 업계마다 발 빠르게 움직이고 있다는 증거다. 내가 몸담은 코인데스크재팬도 국내외의 디지털 자산을 보도하는 전문 매체로서 그 발전에 조금이나마 공헌하고 싶다. 일본에서는 여러 마켓 플레이스가 설립될 예정이고, 여기에는 거대 IT 기업 등 이미 많은 이용자 수를 확보한 플랫폼도 참여하고 있다. 향후 시장이 확장해나가는 상황을 기대해볼 만하다.

NFT로 부의 패러다임을 바꾼 사람들

디지털 자산 시장을
형성하는 길의 선두에서

한국에서도 인기 높은 게임과 애니메이션, 만화를 다수 보유한 일본은 세계 NFT 시장에서 더 발전할 가능성을 품고 있다. 그러나 투자금이 지나치게 많아지면 NFT 거품이 붕괴하고 수명이 짧아질 우려 또한 있다. 니혼게이자이신문의 핀테크 에디터인 세키구치 게이타가 이 부분을 설명한다.

세키구치 게이타 ──────────────────────── 関口慶太

1979년 도쿄 출생. 2001년 3월 히토쓰바시대학교 법학부를 졸업하고 니혼
게이자이신문에 입사해서 증권부를 시작으로 경제부, 정치부 등에서 경력을
쌓았다. 도쿄 증권거래소, 가스미가세키, 나가타쵸 등을 무대로 다각적인
시점에서 금융 마켓을 취재했다. 미즈호 파이낸셜 그룹이나 노무라 홀딩스,
4대 생명보험사 등 여러 금융기관을 담당하면서 두터운 금융 취재 네트워크
를 구축했다. 2020년부터 핀테크 편집자로 활약하고 있다. 공저로『가상통
화 버블, 닛케이 프리미어 시리즈仮想通貨バブル日経プレミアシリーズ』를 출간했다.

메타버스가 현실세계로 접근하고 있다 ————

일본에서 암호자산 교환 플랫폼에 계좌를 개설한 사람은 2021년 6월 기준으로 총 480만 명이다. 암호자산에 관심을 보이는 이렇게 많은 사람 중에도 NFT라는 용어에 고개를 끄덕이는 사람은 아직 드물지 않을까 싶다. 나 역시 신문기사를 다룰 때 NFT를 어떻게 표현해야 할지 고민했다. 감정서와 소유 증명서가 붙은 디지털 자산, 가상통화의 형제 등 가능한 알기 쉬운 표현을 짜내어봤지만, 제대로 전달되고 있는지 아직도 불안하다. 머리를 이리저리 굴리고 있자니 미국의 기술 혁신 담당자가 상상하기 쉬운 힌트를 주었다.

"사람들이 즐겨 사용하는 것만을 개발해서는 충분하지 않다. 경제적 측면에서 새롭고 폭넓은 기회를 창출하고 사회적으로 모두가 참여할 수 있는 포괄적인 것이어야 한다."

메타 창설자인 마크 저커버그는 2021년 7월에 미국 미디어《더 버지》와 인터뷰를 하며 이렇게 견해를 밝혔다. 바로 메타버스를 두고 한 말이었다. 메타버스는 초월했다는 뜻의 '메타'와 세계를 의미하는 '유니버스'를 조합한 단어로, 인터넷 안에 구축되는 가상의 3차원 공간을 가리킨다. SF 작가인 닐 스티븐슨이 1992년 소설『스노 크래시』에서 처음 사용한 표현이라고 알려져 있다. 영화감독 스티븐 스필버그는 2018년에 영화 〈레디 플레이어 원〉을 통해 이 세계관을 알기 쉬운 형태로 재현했다. 주인공은 네트워크로 연결된 광대한 가상현실 세계인 오아시스를 무대로 활약한다. 산리오의 대표 캐릭터인 헬로키티와 건담 등 낯익은 캐릭터가 등장해 화제가 되었으니 기억하는 사람도 있을 것이다.

그로부터 3년이 흘렀고, 게임업계에서 오래 회자된 메타버스가 현실세계로 한걸음 성큼 다가왔다. 그 촉매가 된 것이 이 책에서 다루는 NFT다. 이용자는 가상공간에서 아바타라고 하는 분신을 조작해 공간을 이동하고 현실세계와 마찬가지로 노동을 해서 돈을 벌며, 물건을 살 수 있다. 벌어들인 대가는 암호자산이나 토큰으로 받아서 토지나 집 등의 NFT를 구매할 수 있다. 가상공간에서 창출하는 새로운 경제활동이라고 해야 할 정도다. 실제로 NFT 게임인 액시 인피니티는 브라질이나 필리핀 등 신흥국에서 인기가 높다. 마크 저커버그가 말하는 포괄성이란 빈부에 차별을 두지 않고 누구나 접근할 수 있는 세계관을 의미한다.

NFT로 부의 패러다임을 바꾼 사람들

일본종합연구소에 따르면 2021년 들어 NFT 시장이 급격하게 팽창했다. 1~3월에만 15억 달러를 기록했는데, 이는 2020년(3억 3800만 달러)의 4.4배. 대규모 마켓 플레이스인 오픈씨에 따르면 NFT의 거래금액은 2021년 8월에 30억 달러(약 3조 6600억 원)로, 1월 대비 570배로 껑충 뛰어올랐다. 인기 게임 NBA 톱샷을 운영하는 대퍼랩스는 2021년 3월에 3억 500만 달러 규모의 투자를 유치했고, 일본에서는 GMO인터넷, 라인, 메루카리 등 대기업이 줄지어 NFT 사업에 참여를 표명했다. 온라인 패션 쇼핑몰 조조zozo의 전 사장인 마에자와 유사쿠前澤友作가 NFT에 특화한 블록체인을 개발하는 스타트업 해시포트의 제삼자 할당 증자 4억 8000만 엔(약 48억 7000만 원)을 인수하는 등 향후 경쟁은 치열해 질 전망이다.

NFT는 정말 거품일까

다만, 현재 NFT 시장은 아무래도 '투자 거품'이라는 수식어가 따라다닐 수밖에 없다. 미국 트위터 창업자인 잭 도시가 2006년에 최초로 투고한 트윗을 NFT로 경매에 부쳤는데 약 291만 달러에 낙찰됐다. 이것을 보고 일본 유명인이 자신의 트윗을 NFT로 만들어 1천만 엔이 넘는 가격에 매각했다. 인기 유튜버 중에도 자신의 콘텐츠를 NFT로 발행해서 판매하는 사람이 있다. 물론 순수하게 팬의 마음으로 소유하는 것이 목적인 경우도 있으나, 대부분은 2차 판매를 염두에 둔 투자다. 팬데믹 여파가 일으킨 세계의 과잉유동성excessive liquidity★이 비트코인을 비롯한 암호자산의 시가총액을 급등시키고, 거기서 흘러넘친 돈이 NFT 시장으로 유입되고 있다. 비트코인 가격이 급락하면 돈의 역회전이 일어날 수도 있다. 앤더슨, 모리&도모쓰네 법률사무소의 가와이 켄河合健 변호사는 "NFT 시장이 안정적인 성장을 지속하려면 적정한 가치를 발견하는 시장으로 바뀌어야 한다"고 지적했다.

또 하나 간과해서는 안 될 점은 여러 법률 전문가가 우려하듯, 혁신이 너무 빨라서 법률적인 정비가 따라잡지 못하고 있다는 것이다. NFT의 감정서 및 소유 증명서를 위조하지는 못해도 데이터를 복제할 수는 있다. 실제로 인터넷에 있던 디지털 아트를 멋대로 복사해서 NFT를 발행하는 사례도 나오고 있다. 이를 기존 저작권 범위에서 보호해야 할지, 아니면 새로운 법률을 제정해야 할지 조속히 논의해야 한다. 더욱이 NFT 자체에 환금성이 있기 때문에 기존의 게임 및 뽑기 형태로는 도박법에 저촉될 위험도 있다.

2021년 들어 NFT 관련 정보 미디어나 컨설팅 회사가 끊임없이 설립되었다. NFT가 무한한 가능성을 펼치게 될 혁신이며, 산

★ 금융자산의 공급이 수요보다 많은 상태

업을 디지털로 전환하는 데에도 크게 이바지했다는 건 분명하다. 다만, 도저히 돈 냄새를 떨쳐버리지 못하고 이참에 한몫 잡고 싶은 사람들이 우글거리는 것도 사실이다. 2017년과 2018년에 걸쳐 세계적으로 붐을 일으킨 가상화폐공개ICO는 암호자산을 통해 자금을 조달하는 방식인데, 사기 행태가 대거 끼어드는 바람에 정말로 자금을 조달해야 하는 기술자나 기업을 몰아내버렸다. 그때의 교훈은 여전히 남아 숨 쉬고 있을까. 암호자산 이더리움 창시자인 비탈릭 부테린Vitalik Buterin도 "유복한 유명인이 돈을 더욱 많이 벌기 위해 이용하는 게 아니라 사회적 가치가 더 높은 쪽으로 작용하기를 기대한다"고 말했다.

중요한 건 NFT가 자산관리 시스템이라는 점이다. NFT 자체가 가치를 지닌다고 착각하는 사람들이 과도하게 증식하면 NFT 사업은 짧은 수명을 다하고 묻혀버릴지도 모른다.

애니모카 브랜즈 회장이 생각하는 NFT의 가능성

홍콩을 거점으로 사업을 펼치는 애니모카 브랜즈는 블록체인 및 NFT, 게임 분야에서 세계 시장을 선도하는 기업이다. 2014년에 설립했고, 2021년에는 평가액 10억 달러 이상을 달성해 유니콘 기업의 대열에 합류했다. 이 회사를 창업한 얏 시우 회장이 읽는 NFT의 미래를 들여다보자.

얏 시우 ───────────────────────────────────── 蕭逸, Yat Siu

애니모카 브랜즈의 공동창업자 겸 회장이며 아웃블레이즈Outblaze의 창설자 겸 CEO다. 홍콩을 거점으로 테크놀로지 기업을 운영하며, 투자도 한다. 1990년 아타리Atari 독일 지사에 입사해 경력을 쌓기 시작했고, 1995년에 홍콩으로 이주해 아시아 최초의 무료 웹 페이지 및 전자메일 프로바이더인 홍콩 사이버시티HongKong Cyber city/Freenation를 설립했다. 그 후에도 홍콩의 IT 업계를 이끌며 아시아를 대표하는 경영인으로 수많은 상을 받았다.

2021년 세계적인 흥행의 주인공, NFT ————

　지금의 NFT 비즈니스는 20여 년 전 IT 버블(닷컴 버블) 때를 떠올리게 한다. 1990년대 말부터 2000년대 초까지 전 세계에서 IT 관련 기업의 주가가 폭등했고, IT 벤처기업을 위한 투자가 활발했다. 그 중심지는 두말할 필요 없이 미국의 실리콘밸리였으며, 왕성하게 새로운 비즈니스모델이 검증되는 장이었다.

　당시에 IT라는 단어만 붙이면 전 세계에서 자금을 긁어모을 수 있었듯이, NFT 비즈니스 역시 그칠 줄 모르고 흘러 들어오는 자금으로 다양한 프로젝트를 진행하고 있다. 하지만 실질적인 시장 규모는 아직 작다. 즉, 지금의 NFT 사업자들은 NFT 시장의 비약적인 발전에 도전 중인 얼리 어답터라고 할 만하다.

　잘 알려졌다시피, 겨우 2~3년 만에 IT 버블은 터졌고 많은 벤처기업이 공중분해되었다. 그런 와중에도 위기를 극복하고 살아

남은 얼리 어답터의 대표주자가 바로 구글과 아마존이다. 요컨대, IT 버블이 터졌어도 그후 IT 비즈니스 자체는 폭발적으로 성장했다는 말이다. 이런 현상은 10년쯤 전에 모바일 게임 붐에서도 나타났다.

내가 몸담은 애니모카 브랜즈에서는 NFT 비즈니스도 마찬가지라고 전망한다. 즉, 인터넷이나 모바일 게임세계가 기하급수적으로 확장한 것처럼 NFT 세계는 분명히 커질 것이다. 우리의 목표는 멈추지 않고 그 확장의 한가운데에서 선도하는 기업이 되는 것이다.

애니모카 브랜즈의 자회사인 엔웨이nWay에서 2021년 6월에 출시한 NFT 올림픽 핀 배지도 시장 규모 확대에 이바지할 것이다. 이 핀 배지는 국제올림픽위원회IOC와 엔웨이가 협약을 맺고 공인 굿즈로 배포 및 판매해 세계적으로 화제가 되었다. 그 후 2022년 2월에 동계올림픽을 기념해 '올림픽 게임즈 잼: 베이징 2022'라는 모바일 NFT 게임을 출시했다. 당시 한국에서는 동계올림픽에 출전한 국가대표 선수단의 이미지를 담은 '팀코리아 2022'를 NFT로 출시했다.

또 애니모카 브랜즈는 세계적으로 영향력을 떨치는 마켓 플레이스인 바이낸스와 오픈씨, 코인체크와 전략적 파트너십을 채결했고, 기존의 인기 게임인 스타걸Star Girl을 대퍼랩스의 독자적인 블록체인인 플로우로 이행했다. 이 또한 시장 규모 확대를 예측한

애니모카 브랜즈에서 출시한 블록체인 게임인 레브 레이싱REW Racing

시책이었다.

내가 공동으로 창업해 회장으로 있는 애니모카 브랜즈는 2014년에 홍콩을 거점으로 설립한 게임 개발회사다. 미국 만화를 대표하는 고양이 캐릭터 가필드와 꼬마 기관차 토마스, 도라에몽 등 세계적으로 인기를 끌고 있는 수많은 게임 관련 지식재산의 라이선스를 보유하고 있으며, 모바일 게임이나 정기구독 제품을 글로벌로 전개해 성장했다.

애니모카 브랜즈가 블록체인 게임에 본격적으로 참여한 건 2018년부터다. 2021년에는 크립토키티를 개발한 엑시엄젠(대퍼랩스는 엑시엄젠의 자회사로 2018년에 독립했음)과 업무 제휴를 맺었고, 샌프란시스코의 모바일 게임회사 픽스올을 매수했다. 픽스올은 2012년에 픽셀아트 게임인 더샌드박스를 출시한 회사다.

당시 더샌드박스는 2016년에 새로운 버전으로 출시한 더샌드박스 에볼루션과 합쳐 4000만 건의 다운로드, 월간 액티브 플레이어 100만 명이라는 기록을 세운 그야말로 대박 난 게임이었다. 이즈음 픽스올은 블록체인판도 개발하고 있었다. 즉, 애니모카 브랜즈는 NFT 비즈니스가 이처럼 거대해지리라고 확신했고, 이른 단계부터 블록체인 게임 등에 투자해왔다.

물론 애니모카 브랜즈가 오늘날까지 바람 한 점 맞지 않고 순항한 것은 절대로 아니다. 자금 조달이나 투자문제, 상장과 관련한 분쟁이나 디지털 자산을 향한 싸늘한 시선과도 싸워야 했다. 그런 역경을 딛고 목표를 달성해왔다. 그리고 지금 NFT 비즈니스는 세계적인 성황을 누리고 있다. 이는 우리가 제시한 가설이 하나둘씩 입증되는 과정이며, 지금 이 순간에도 진행 중이다. 그 면면을 바로 코앞에 두고 있으니 참 뿌듯하다.

애니모카 브랜즈의 NFT 도전

애니모카 브랜즈의 기업 평가액은 2021년 8월에 약 1조 1000억 원이었다. 우리의 목표는 '모든 이용자가 가치를 누릴 수 있는 메타버스 구축'이었다. 게이머가 아이템 소유권 등을 설정해놓고 플레이하면서 수입을 얻도록 하는 구조다. 이런 비전을 보고 전 세계의 투자자들이 큰 가능성을 발견해주는 것일 테다.

2021년 7월에도 약 1억 3888만 달러를 증자해서 자금 조달에 성공했다. 투자자가 애니모카 브랜즈를 NFT 비즈니스를 선도하는 혁신기업으로 높이 평가하고 있다는 증거가 아니겠는가. 그런 기대에 부응하기 위해 앞으로도 우리는 전략적 투자나 매수, 제품 개발, 인기 지식재산의 라이선스 취득을 활발하게 진행해야 한다.

자금만이 아니라 수익 면에서도 애니모카 브랜즈는 2020년 대비 수십 퍼센트에 이르는 높은 신장률을 이어왔다. 2021년 5월에는 아시아태평양 지역에서 가장 성장률이 높은 500대 기업에 선정되었다. 이 선정은 《파이낸셜 타임스》가 《닛케이 아시아》와 글로벌 시장조사기관인 스타티스타와 제휴해 발표했다.

하지만 앞으로 성장을 멈추지 않으려면 여러 과제를 해결해야 한다. 시장 규모가 확대되면 관리에도 문제가 따른다. 가장 어려운 점은 어떻게 NFT의 비전에 먹칠하지 않으면서 성장할 수 있는가이다. NFT의 비전이란 단적으로 말해서 디지털 재산권을 확립하는 일이다.

게임 아이템은 물론이고 개개인이 소유한 독자적인 디지털 데이터가 충분히 제 기능을 발휘하려면 NFT 비즈니스의 구조를 개방적으로 유지해야 한다. 그래야 이용자 간 네트워크가 효과를 나타내고 NFT로 발행한 데이터의 가치가 상당히 민주적인 형태로 오르내리기 때문이다. 말하자면, NFT 세상을 누구나 참여할 수 있고 언제든 많은 자금이 관여할 수 있는 상태로 유지하는 것이 중요하다.

구글이나 메타의 비즈니스모델에서도 알 수 있듯이, 사실 지금까지 IT 비즈니스의 구조에서는 늘 강자가 제어나 독점을 시도했고, 유독 이용자 간 네트워크 효과가 제약을 받았다. 새삼스레 의문을 품어보자면, 오늘날 IT 비즈니스에서 가장 가치 있는 것은 무엇일까. 두말할 필요 없이 데이터다. 데이터가 비즈니스의 가장 중요한 원재료가 되었다.

그러나 현실적으로는 데이터를 소유했거나 작성한 사람에게 돌아가는 보상이 아주 미미하다. 이는 쌀이나 채소를 재배하는 농민들의 처지와 비슷하지 않을까 싶다. 헐값으로 레스토랑에 팔린 농작물은 요리사가 만든 화려한 요리가 되어 몇 배나 높은 가격에 팔린다. 하지만 그렇게 창출된 수익이 농민에게 환원되는 일은 없다.

마찬가지로 우리는 날마다 데이터를 작성하고 그 데이터를 구글이나 메타와 같은 거대 플랫폼에 제공한다. 하지만 원재료를 가공하는 방법을 모르기 때문에 그것이 창출한 가치의 극히 일부만 소유할 수 있다. 가공 방법을 알고 있는 플랫폼이 가치를 거의 독점하는 것이다. 이런 현실은 솔직히 매우 불공평하며 해결해야 할 세계적인 과제다. 가치를 창출하는 데이터 가공법이란 말하자면 데이터를 네트워크에 올리고 그 효과를 누리는 과학기술이며 비

F1 델타타임의 70주년 기념 에디션 모델 NFT는 약 207만 달러에 판매되었다.

즈니스 시스템이다. 그것을 구글이나 메타에서 독점적·폐쇄적으로 제어하고 있다.

NFT의 세계는 그렇지 않다. 가령 애니모카 브랜즈의 블록체인 플랫폼인 더샌드박스에서 가상의 토지를 구매한 이용자는 자유로이 개성 넘치는 게임이나 아이템, 캐릭터를 만들 수 있고, 커뮤니티를 꾸리거나 암호자산 SAND를 이용해 여러 방면으로 거래하며 네트워크 효과를 공평하게 누릴 수 있다. 블록체인 게임인 F1 델타타임이나 모토 GP 이그니션, 포뮬라 E도 마찬가지다. 암호자산 REVV를 쓸 수 있으며 누구나 네트워크 효과를 누릴 수 있다. 당연히, 이런 운영 과정은 이용자 모두에게 공개되며 누구든 보완할 수 있다.

거듭 말하지만, 개방적이지 않고 보완하지 못하면 필연적으로 네트워크 효과를 비밀리에 제어하면서 독점하는 구글, 메타와 같은 존재가 출몰한다. 애니모카 브랜즈는 그것을 막아내고 싶다. NFT 비즈니스 체제가 꾸준히 개방적으로 작동하는 미래를 확실하게 만들고 성장을 이어가는 것이야말로 우리가 지치지 말고 해결해야 할 가장 어려운 숙제다.

실제로 애니모카 브랜즈의 글로벌 프로젝트는 늘 모든 이용자에게 공개하고 누구나 보완할 수 있도록 개방형 표준Open Standard으로 진행된다. 더샌드박스나 F1 델타타임, 그 암호자산인 SAND나 REVV 등 모든 제품이 개방형 표준 구조로 구축되어 있다. 우리는 이용자를 절대로 제약하지 않으며 시장을 독점하지도 않는다.

이런 자세는 우리의 다양한 브랜드가 지식재산 라이선스를 취득할 때도 변함없다. 최근에 출시한 NFT 올림픽도 구매자가 자유로이 거래하고 미래 게임에 사용할 수 있도록 계약을 맺었다. 이역시 개방형 표준 구조다.

더불어, 애니모카 브랜즈는 상당히 많은 액수의 투자를 이어가고 있다. 지금까지 NFT 관련 기업 75곳에 투자했으며 앞으로도 적극 지원하겠지만, 기업을 선정할 때 필수 조건이 있다. 바로 개방형 표준과 상호 운용성이다. 이 조건을 준수하는 회사라면 우리는 지원을 멈추지 않을 것이다. 그것이 시장 규모 확대로 이어지는 가장 강력한 프레임 워크라고 믿는다.

NFT로 부의 패러다임을 바꾼 사람들

애니모카 브랜즈가 그리는 NFT의 미래

인터넷이 급격하게 우리 사회를 바꾸었듯이, NFT도 일대 변혁을 몰고 올 것이다. 인터넷은 정보 접근의 공평성, 즉 지식의 공평성을 이루었고 모든 사람에게 영향을 미쳤다. NFT 또한 개개인의 디지털 데이터에 공평성을 불어넣고, 동시에 새로운 가치를 창출하며 모든 사람에게 선한 영향을 미칠 것이다.

앞에서도 언급했지만, 현재 우리는 거대 플랫폼이 제어하고 독점하는 구조 안에서 살고 있다. 그래서 한 명 한 명이 창조한 데이터마다 가치를 지니는데도 극히 일부만 돌려받고 있다. 이는 데이터를 소유하지 않은 것과 같으며, 영주가 농민을 완전히 지배한 중세 봉건사회에 견줄 만하다. 극단적으로 말해서 현재는 디지털 봉건사회인 것이다. 여기서 민주자본주의 디지털 사회로 이행하는 과학기술이 블록체인이며 NFT다.

디지털 기술이나 인공지능AI, 로봇 등 과학기술의 진화로 앞으로는 더욱더 인간이 하던 일을 기계가 대신하게 된다. 곧, 인간만이 지닌 능력의 가치가 높아질 것이라는 의미다. 대표적인 것이 상상력이다. 예나 지금이나 상상력의 중요성은 변함없지만, 앞으로는 사업 자본으로서 명확하게 평가되어야 한다.

이를 가능하게 하는 것이 NFT다. NFT를 통해 창조적 자본의 아웃풋과 인풋이 균형을 맞추어 순환하고 누구에게나 평등한 시장이 탄생할 것이다. 가장 알기 쉬운 예가 지식재산이다. 지금 디지털 공간에는 원본인지 복사본인지 모를 콘텐츠가 범람하고 있다. 틀림없이 창작자의 창조적 자본이 부당하게 훼손되고 있을 것이다. 하지만 NFT로 발행하면 콘텐츠로서 유일무이함을 증명할 수 있고 소유재산으로 공정하게 거래할 수 있으며 상상력이 부족한 복제품을 걸러줄 것이다.

만화나 애니메이션 등 세계적 지식재산의 보물창고인 일본은 지금까지 언급한 과제를 해결하기 위해, NFT를 어떤 방식으로 활용할 것인지 좀 더 적극적으로 고민해야 한다. 10~20년 안에 블록체인 및 NFT가 디지털 공간의 금융 시스템을 완전히 열어젖힐 가능성이 크다.

오늘날과 같은 인터넷 시대에도 금융 시스템은 변함없이 폐쇄적이다. 인터넷 뱅킹 계좌를 소유한 사람은 은행을 통해 간접적으로 기업에 투자하고 있지만, 구조적으로 투자처를 직접 선택할 수는 없다. 그래서 대다수에게 돌아가는 은행과 직접 거래할 기회는 대출이라는 혹독한 상황뿐이다. 주식 투자 역시 대부분 인터넷 증권을 통해서 한다. 하지만 블록체인이나 NFT는 은행이나 증권회사와 같은 기존의 금융 시스템에 의존하지 않고, 개인이 직접 공정하게 다양한 곳에 투자하고 환원 또는 융자받을 수 있는 디지털 공간을 탄생시킬 것이다. 이는 지금까지 존재한 적 없는 완전히 민주적인 자본 경제의 도래며, 어떤 의미에서는 혁명이다.

이렇듯 금융 시스템을 포함해 디지털 데이터의 재산권에 관여하는 모든 과정이 극적으로 민주화되어, 가까운 미래에 수조 달러 규모의 새로운 시장이 탄생할 것이라고 생각한다. 게다가 그 시장은 서서히 성장하지 않고 과거 인터넷에서 그랬듯이 불규칙적이고 폭발적으로 성장할 것이다.

물론 블록체인과 NFT는 디지털 공간에 머물지 않고 현실세계에까지 엄청난 영향을 미친다. 마치 우리 삶이나 경제활동이 이미 인터넷 없이는 불가능한 것처럼 말이다. 거의 모든 비즈니스가 온라인을 통하지 않고는 운영되지 못하며, 온갖 정보가 디지털 데이터로 기록된다. 현실세계에서만 가능할 법한 매우 작은 비즈니스조차 홍보나 고객 서비스를 위해 디지털 공간에 접근해야 한다. 만일 여러분이 디지털 공간에 접근하지 못하게 되면 친구를 사귀거나 돈을 벌어들일 능력을 현저하게 상실할 것이다. 즉, 모든 데이터가 온라인으로 연결된 디지털 공간은 인간의 가능성과 떼어놓을 수 없는 세계가 되어버렸다.

따라서 디지털 공간에 접근하거나 디지털 데이터를 소유하는 권리는 현실세계와 마찬가지로 인간이 우선이다. 누구나 인권이 확보된 민주주의 사회에서 살기를 희망한다. 굳이 인권이 저당 잡힌 곳에 살고 싶어하지 않는다. 하지만 지금의 디지털 공간에서는 일개 민간 기업이 결정한 비즈니스 이용 규약으로 권리가 조정되고 있다. 지금까지 구글이나 메타에서 계정을 삭제하는 바람에 혹시 모를 가능성을 상실한 사람이 얼마나 많았을까. 실리콘밸리에 있는 이름도 모르는 소수에게 인권을 빼앗겨도 문제가 되지 않는 불공평한 상태가 허용되어야 할까.

현실세계에서는 무언가를 도난당하면 경찰에 신고하고 인권이 침해되면 행정기관이나 재판소에 호소한다. 그러나 디지털 공간에는 부정을 읍소할 곳이 거의 없다. 이용자는 거대 플랫폼이 결정한 조건 안에서 살아가며 그것에 휘둘리고 있다. 그야말로 진정한 디지털 봉건사회며, 그 불공평이 현실세계의 삶이나 경제활동에까지 영향을 미치는 것이다.

거듭 말하지만, 중요한 것은 개인이 작성한 디지털 데이터는 개인의 자산이라는 점이다. 그 자산을 개인이 제대로 소유해야 하고, 누군가에게 넘긴다면 그 가치에 합당한 보수를 돌려받아야 한다. 그러기 위해 지금의 불공정한 관계를 공정한 관계로 개선해나가야 한다.

디지털 공간을 극적으로 민주화하는 것이 블록체인과 NFT다. 도입부에서 블록체인과 NFT가 인터넷처럼 현실세계의 미래를 바꾼다고 언급했는데, 그런 의미에서 디지털 공간의 인권이 보호된다면 현실공간의 인권도 더욱 강력히 보호받게 될 것이다.

NFT의 미래는 밝은가

자본주의의 갱신과 NFT 사업의 전망

모바일 온라인 게임 개발회사 구미의 창업자로 유명한 구니미쓰 히로나오는 피낭시에를 통해 블록체인 관련 사업을, 서드버스를 통해 VR 게임 개발에 주력하고 있다. 그가 NFT에 깊숙이 침투한 이유는 무엇일까.

구니미쓰 히로나오 ──────────────────────────── 國光宏尚

1974년생으로, 서드버스와 피낭시에의 창업자 겸 CEO다. 미국 샌타모니카 대학을 졸업하고 2004년 5월 앳무비Atmovie에 입사했다. 같은 해 이사로 취임했고 영화 및 드라마 제작과 신규 사업 설립을 담당했으며, 2007년 6월 구미를 설립해 대표로 취임했다. 2021년 7월 퇴임하고 8월부터 서드버스와 피낭시에 대표로 활약 중이다.

새로운 과학기술을 비즈니스에 응용하려면 ———

내가 살면서 하고 싶은 일은 지극히 단순하다. 새로운 과학기술과 그 기술로만 실현할 수 있는 새로운 엔터테인먼트를 만드는 것이다.

SNS 서비스 및 모바일 온라인 게임 개발회사 구미를 창업한 2007년에는 아이폰과 페이스북, 트위터, 아마존 웹 서비스인 클라우드 등 실로 새로운 과학기술이 세상에 선을 보이기 시작했다.

지금은 모바일 게임이나 소셜 게임이 과학기술이라고는 인식하지 못할 정도로 당연하지만, 당시에는 최첨단 기술을 활용한 상당히 도전적인 비즈니스였다. 2015년 즈음부터 VR과 AR에, 2017년부터 블록체인에 집중한 것도 물론 내 천직의 연장선이기 때문이다.

새로운 과학기술이 나오면 어떻게 비즈니스에 활용해야 할까.

나는 기존의 과학기술을 새롭게 재현하는 건 의미가 없다고 생각한다. 역시 가장 중요한 점은 새로운 과학기술로만 할 수 있는 것, 그 기술이 아니면 불가능한 것을 발견하는 일이 아닐까.

스마트폰이 세상에 처음 등장했을 때 많은 게임회사에서 가정용 게임이나 노래방 게임을 스마트폰에 끼워넣었지만, 모두 흥행에 실패했다. 대신 퍼즐앤드래곤, 몬스터 스트라이크 등 스마트폰에 최적화한 게임이 유행했다. 이는 게임에서만 일어난 현상이 아니었다. 스마트폰에서는 야후오쿠!나 MMS 메신저가 통하지 않았고, 인기를 얻은 건 메루카리나 라인이었다. 역시 특화한 과학기술이어야만 가능했던 UI와 UX를 재정의하고 재발견한 제품이 승리했다.

NFT이기에 가능한 것

새로운 과학기술인 NFT에는 어떤 잠재력이 있을까.

블록체인만의 특징은 크게 세 가지다. 첫째는 무신용Trustless이다. 즉, 기존의 중앙집권적 신용이 필요 없고 자율적으로 운용하는 네트워크다. 둘째는 인센티브(참여하면 발생하는 이익, 채굴 성공 보수 등)가 있는 토큰 경제(대용화폐를 이용한 경제권)이며, 셋째는 복제나 위조를 할 수 없다는 점이다.

NFT로 부의 패러다임을 바꾼 사람들

NFT는 세 번째 특징과 깊이 관련된 새로운 과학기술이라 할 수 있다. 쉽게 말해 NFT의 최대 특징은 디지털 데이터인데도 수량을 제한해 한정 상품을 만들 수 있다는 점이다. 한정된 정보를 블록체인에 기재해 공개하면 누구나 들여다볼 수 있고 절대로 복제나 위조를 할 수 없다. 그래서 NFT로 전환한 특정 개수의 디지털 데이터는 한정 상품으로서 자산 가치를 얻는다.

사실 현실세계에서도 작품이 진품인지 아닌지 알기 어렵다. 가령 조조타운의 마에자와 유사쿠 전 대표가 1억 1000만 달러에 구매한 장 미쉘 바스키아의 현대미술이나 레오나르도 다빈치의 모나리자 역시 일반인이 구별하기 어려운 위작을 의외로 간단하게 만들어낼 수 있을 것이다. 하지만 위작인 이상 그것에는 가치가 없다. 회화의 가치는 작품의 완성도가 아니라 진품이라는 증명을 받아야만 빛을 발한다. 바꾸어 말하면, 진품이라는 증명만 있으면 위조품에도 진품과 똑같은 가치가 생기고 만다. 그래서 현실세계에서는 의외로 감정서를 위조하고 만들기도 쉬워서 문외한은 속기 십상이다.

반면, NFT는 디지털 데이터가 진품임을 쉽게 증명할 수 있고, 아무도 속일 수 없다. 현실세계의 어려움을 블록체인이 극복했다는 사실만으로도 획기적인 과학기술이라 할 만하다. 비플의 디지털 아트나 잭 도시의 첫 트윗이 수백억, 수십억 원에 거래된 것도 NFT가 공명정대하게 진품임을 증명할 수 있기에 가능한 일이다.

NFT가 실현한 디지털 데이터의 자산 가치 ———

지금까지 디지털 및 네트워크 세계에서는 진정한 한정 상품을 만들기가 사실상 불가능했다. 복사 비용이 들지 않아서 불법으로 복제한 상품이 한꺼번에 시중에 나돌기 때문이다. 하지만 블록체인을 이용해 NFT로 발행하면 그런 위법행위가 불가능할뿐더러 문자 그대로 한정 상품이 된다. 예를 들어 지금까지 온라인 게임에서는 한정 무기, 백 개 한정 아바타와 같은 방식으로 한정 아이템을 판매했다. 다만 이용자로서는 그 아이템이 정말로 한정 상품인지 판별할 여지가 없었다. 애초에 데이터베이스를 보지 못하므로 확인할 길이 없었던 것이다. 물론 게임회사에서 거짓말을 하지는 않겠지만, 사실 여부는 모르는 상황이다. 지금이야 상품이 저렴한 선에서 머무르니까 진위를 추궁할 필요가 없겠지만, 가격이 치솟게 되면 불명확한 한정 아이템에 돈을 지불하고 싶겠는가. 하지만 NFT로 발행한 진짜 한정 아이템이라면 이야기는 달라진다. 상품 가치는 대부분 수요와 공급의 균형으로 결정된다. 물건 공급량에 비해 원하는 사람이 많으면 가치는 올라가고 줄어들면 가치는 떨어진다.

인터넷이 생기기 전에는 음악이라면 CD로, 영상이라면 DVD로, 게임이라면 게임 패키지로 판매했다. 상품에 담기는 내용은 물론 데이터지만, CD, DVD, 게임 패키지에 집어넣어서 공급량과

NFT로 부의 패러다임을 바꾼 사람들

가격을 조정했다고 할 수 있다. 그런데 인터넷 시대로 접어든 뒤로 중요한 상품 데이터의 복제 비용이 사라졌고 수요와 공급의 균형도 무너졌다. 즉, 아무리 위법으로 만든 상품이라 해도 실질적으로는 네트워크 안에 상품이 한없이 공급되어 가치가 사라지는 것이다. 결국, 기존 상품이 팔리지 않게 된 콘텐츠 사업은 서비스업으로 바뀌었다. 정기적으로 서비스를 제공하면서 비용을 받는 구독체제로 전환할 수밖에 없었기 때문이다.

　NFT는 이런 위기에 놓이지 않아도 되는 과학기술이다. 복사하거나 흠집을 내지 못하기 때문에 가상공간 안에서도 공급량을 제한할 수 있고, NFT의 디지털 데이터는 자산 가치를 지니게 된다. 콘텐츠 비즈니스에는 그야말로 새로운 CD, DVD, 게임 패키지의 탄생이다. 한마디로 과거보다 높은 가격으로 콘텐츠를 판매할 새로운 비즈니스 기회가 나타난 것이다.

NFT가 구축하는 새로운 경제망

　블록체인 업계에서는 기존 인터넷을 웹 2.0 시대, 블록체인 인터넷을 웹 3.0 시대로 구분하기도 한다. 전자는 정보를 거래하는 정보 인터넷이고 후자는 가치를 거래하는 가치 인터넷이다. 가령, 이메일로 문서나 파워포인트 파일을 거래하면 원본 파일은 발신자의 메일함에 남은 채 수신자에게 복사본이 전송된다. 그렇게 몇 번이고 반복되어 정보가 무한하게 퍼져가는 것이 웹 2.0 인터넷이다. 그러나 가치는 무한으로 퍼져나가지 못한다. 돈을 거래할 때 소유한 10만 원을 상대에게 건네주면 10만 원은 고스란히 상대에게 넘어간다. 복사하지 못하므로 소유권만 A에서 B로 이전할 뿐이다. 이것이 가치의 특성이다. 블록체인을 이용하면 지금까지 불가능했던 인터넷으로 가치를 이동할 수 있는 것이 웹 3.0 시대다.

플레이어가 도구나 집 등을 만들어서 놀이하는 마인크래프트의 경우에도 게임 속에서 고생하며 쌓은 집이 아무리 멋지다 해도 현실에서는 금전적 가치가 없다. 하지만 블록체인을 통해 NFT로 발행하면 세계에서 단 하나밖에 없는 집이 된다. 그러면 돈을 내고서라도 사고 싶다는 사람이 나타나도 전혀 이상한 일이 아니다.

그렇게 가상세계에서 토지나 가구, 그림, 옷, 스니커즈, 무기, 아바타 등을 NFT로 발행해 가치를 지닌 상품으로 거래하면 그곳에 하나의 경제망이 형성된다. 기존 인터넷에서는 가상 데이터에 가치가 없었고, 돈으로 바꿀 수 있는 부분은 반드시 현실과 연계해야 했다. 그래서 결정적인 비즈니스모델은 여전히 두 가지 분야뿐이었다. 하나는 인터넷 광고이고, 또 하나는 인터넷을 매개로 실물 상품을 판매하는 온라인 상점이다. 결국, 현실과 맞물리지 않으면 비즈니스로서 성립하지 않았다.

NFT로 부의 패러다임을 바꾼 사람들

그런데 NFT를 활용하면 인터넷 속 가상세계에 부동산, 건축가, 가구점, 의류 매장, 무기상 등 다양한 형태의 비즈니스가 발생한다. 가상공간 안에 현실공간과는 다른 금전적인 경제망이 출현한다는 것은 실로 획기적인 사건이며, 이 경제망은 인간을 반드시 풍요로운 미래로 이어줄 것이다.

스토리가 있는 NFT만 살아남는다

내가 생각하기에 현재 NFT는 아직 NFT 1.0 수준이다. 지금까지 NFT 시장은 거래 특성상 고가의 미술 작품 한 품목을 중심으로 돌아갔다. 즉, 고액으로 매매할 수 있는 디지털 데이터일수록 거래가 성립되기 쉬운 상황이었다. 왜 그렇게 되었을까. 이유는 간단하다. 지금까지 NFT는 주로 이더리움에서 작동했다. 이더리움은 가스비가 비싸서 당시에는 NFT 제품 하나를 발행하는 데 20~30만 원이 들었다. 가격을 낮추면 적자를 본다는 뜻이다. 가령 백 개 한정으로 NFT를 만들어 약 2000만 원 이상에 팔지 않으면 손해를 보고, 팔다 남은 NFT는 디지털 재고가 된다.

지금은 구매자가 결정된 다음에 NFT로 발행하는 구조로 바뀌기도 하고, 가스비가 2~3만 원대까지 낮아져서 시장 상황도 달라지고 있다. 그래서 NFT 2.0의 구심점은 미술이 아닌 다른 분야가 차지할 것이다. NFT 미술 작품은 구매자가 10년이나 20년 후에도 가치 있다고 인정할 만한 것이 아니면 금액이 오르지 않을 것이다. 그래서 수량만 놓고 보면 애초에 시장에서 중심을 차지할 거래 대상이 아니다. 잭 도시의 경매 건이 화제가 된 후에 소프트뱅크의 손정의 사장이 트윗을 NFT로 발매했지만 팔리지 않았다. 잭 도시의 경우에는 그가 트위터를 만들었으므로 그 NFT는 세계 최초의 트윗이다. 이 트윗은 이집트 로제타에서 발견된 고대 돌덩이 로제타석에도 비유되었다. 약 2200년 전의 이 비석은 영국 대영박물관에 소장되어 있으므로 물론 판매가 불가능하지만, 만약 상품으로 나온다면 30억 원을 훌쩍 넘길 것이다. 하긴, 역사상 세계 최초의 트윗이므로 로제타석과 비슷한 가치가 있다고 하면 그런 것도 같다. 이렇듯 고액 NFT에는 10년이나 20년 후에도 통용되는 매력적인 스토리가 꼭 따라붙는다. 그런 점에서 손정의의 트윗에는 다수가 매력을 느낄 만한 스토리가 없다.

나는 오랜 시간이 흐르면, 라이트 노벨이자 애니메이션 시리즈인 〈소드 아트 온라인〉처럼 사람들이 일상적으로 가상현실과 메타버스 안에서 지내는 시대가 올 것이라 믿는다. 잭 도시의 트윗이나 비플의 그림과 같은 NFT 아트는 이 가상세계 속 현대미술관에 전시될 것이다. 그곳을 방문한 부모와 자녀는 아마도 이런 대화를 나누지 않을까. "이게 바로 잭 도시의 트윗이야. 알고 있니? 세계 최초의 트윗이란다." "글자였어? 동영상인 줄 알았어."

         NFT로 부의 패러다임을 바꾼 사람들

"아니야, 이게 시작점이란다." 부모는 비플의 그림도 디지털 아트 초기의 대표작이라고 설명할지도 모른다. "옛날에는 마음대로 복제할 수 있었지만, 복제하지 못하는 NFT가 생겨서 디지털 아트가 굉장히 발전했지. 비플의 이 그림은 NFT가 개발된 초기의 대표작이란다."

이렇게 역사적으로 전해지는 스토리를 지닌 NFT 아트만이 고액에 거래되고 스토리가 없는 NFT는 점점 도태되어 거래량도 자연스레 줄어들 것이다.

게임파이라는 비즈니스모델 ─────────

그렇다면 NFT 2.0 중 시장의 중심에 서 있는 것은 무엇일까. 바로 고가의 미술 작품과 같은 컬렉션이 아니라 이용 용도가 분명한 NFT다. 구체적으로는 지금 NFT 비즈니스에서 가장 뜨거운 게임파이GameFi라는 프로젝트가 있다. 게임파이는 게임Game과 분산형 금융인 디파이DeFi를 합친 표현으로, 게임과 금융을 결합한 비즈니스모델이다. 이 콘셉트의 핵심은 게임을 하면서 돈을 버는 P2E의 가치와 같다.

과거에는 게임이라 하면 길거리 오락실에서 돈을 내고 플레이하는 P2PPay to Play 방식이 대세였다. 그러다가 무료로 즐길 수 있는 Free to Play로 이동하며 e스포츠나 유튜버가 출현했고, 최근에는 보여주기 위해 게임을 하는 Play for Watch가 주축이 되었다. 그다음 가치가 바로 P2E다.

게임을 하면서 돈을 버는 방식은 실로 획기적이다. 지금은 마인크래프트나 몬스터 헌터를 즐겨도 돈이 되지 않는다. 하지만 마인크래프트에서 지은 집이나 몬스터 헌터에서 사용한 무기가 비싸게 팔리면 그 수입만으로 생계를 유지할 수도 있다. 가상공간 안에 하나의 경제망이 탄생하는 것이다.

e스포츠나 유튜버와 같은 Play for Watch 콘셉트가 세상에 미친 영향은 적지 않다고 생각한다. 부모들은 대부분 자녀가 종일 공부하거나 야구 혹은 축구를 하면 내버려두지만, 게임에 몰두하면 불같이 화를 낸다. 게임은 시간을 버리는 짓이라는 생각이 과거에는 교육이나 훈육으로 이어졌다.

부모는 왜 게임을 하면 시간을 버린다고 생각할까. 아무리 게임 실력이 늘어도 돈벌이 수단이 되지 못하기 때문일 것이다. 그러나 Play for watch의 가치가 빠르게 정착하면서, 게임 실력이 향상되면 장래에 e스포츠 선수나 유튜버가 될 가능성이 나타나기 시작했다. 물론 훗날 프로야구나 프로축구 선수가 되려면 넘어야 할 장벽이 상당히 높아서 공부보다는 시간 낭비라고 생각할 수도 있다. 다만 가능성이 있느냐가 굉장히 중요하며, 자녀가 프로 선수가 되기를 희망하거나 부모가 자녀를 프로 선수로 키우고 싶다

NFT로 부의 패러다임을 바꾼 사람들

면, 그래서 수입의 가능성이 보인다면 아무도 낭비라고 하지 못한다. 즉, Play for Watch라고 하는 게임을 즐기는 방식에도 수입 가능성이 보인 덕분에 지금은 줄곧 게임만 해도 면죄부를 얻는 상황이다. 그렇긴 해도 e스포츠건 유튜브를 통한 게임 중계건 그것으로 충분히 돈을 벌 수 있는 확률은 야구선수나 축구선수가 될 확률과 엇비슷하다. 그 일이 생업으로 성립하는 건 극히 일부 사람에 한해서다. 이런 상황이 NFT 2.0의 P2E 세계로 전환되면 어떻게 될까. 마인크래프트 안에서 직접 지은 집이 1억 원까지는 아니라고 해도 100~200만 원에 팔렸다는 소식이 빈번하게 들려올 것이다. 이는 게임을 생업으로 삼는 사람이 급격하게 늘어나고, 새로운 경제망이 탄생한다는 뜻이다.

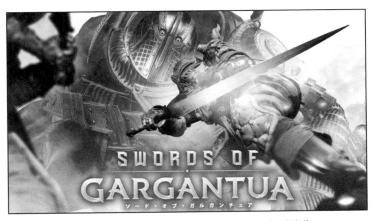

서드버스에서 개발과 운영을 맡은 VR 검전투 멀티 액션 '소드 오브 가르강튀아'

앞으로 수년 안에 게임을 통해 부모보다 많이 벌어들이는 아들 딸이 엄청나게 늘어날 것이라고 나는 확신한다. 즉, P2E의 세계에서는 어른이 아닌 아이가 돈을 버는 주인공이 된다. 디지털 공간, 또는 가상공간이기에 가능한 현상이다. 어른이 눈치 채지 못하는 사이에 자녀가 그 세상에서 시스템을 정비해가며 하나의 경제망을 형성하는 변혁이 일어날 것이다.

내가 대표로 있는 VR 게임 개발회사 서드버스가 추구하는 목표도 SF영화 〈레디 플레이어 원〉과 같이 모두가 경제활동을 하며 즐기는 가상세계를 만드는 일이다.

스마트 계약이 확장될 가능성

물론 이 책에 소개된 내용처럼 게임을 매개로 하지 않고 직접 NFT와 금융이 결합하는 사례 등을 보면 NFT는 1.0에서 2.0 시대로 돌입했다고 할 수 있다.

내가 대표를 맡고 있는 또 한 회사인 피낭시에가 시도한 최근의 프로젝트도 소개하겠다. 바로 2021년 5월에 출판사 겐토샤의 미노와 고스케箕輪厚介 편집자가 창간한 잡지 《사우나 랜드》를 NFT로 발행해 인터넷 경매를 열었고, 약 276만 엔(약 2800만 원)에 낙찰된 사례다. 현재 대부분의 NFT는 소유권만 거래할 뿐, 상

NFT로 부의 패러다임을 바꾼 사람들

업적 이용권 등은 여전히 묶여 있다. 비플의 NFT 작품을 구매한 사람은 재판매로 이익을 얻거나 대여료를 받을 수 있지만, 콜라주를 가미해 티셔츠나 머그컵을 만들어 돈을 벌 수는 없다. 상업적으로 이용할 권한은 현실공간과 마찬가지로 저작권자인 비플에게 있기 때문이다.

하지만 나는 디지털 공간에서 그런 시스템을 따라할 필요는 없다고 생각해 《사우나 랜드》의 NFT에 전자책을 출판·판매할 수 있는 상업적 이용권도 붙여서 판매했다. 결과적으로는 출판사에 넘어가지 않고 일반인이 수집 용도로 낙찰했다. 하지만 앞으로 《사우나 랜드》의 전자책이 시장에 나올 여지는 남아 있다. 핀란드인에게 재판매된다면 핀란드어로 전자책이 나올 수도 있다. 또 재판매되어 브라질 사람이 산다면 포르투갈어로 출간될 테고, 이렇게 재판매가 꼬리를 물고 이어지며 전 세계에 《사우나 랜드》가 퍼질지도 모른다.

이렇듯 상업적 이용권이 이동하면 지식재산권을 이용한 대가를 로열티로 지급해야 해서 모든 과정이 복잡해지지만, NFT로 만들어놓으면 스마트 계약에 조건을 추가해서 아주 간단하게, 게다가 영구적으로 관리할 수 있다. 실제로 마켓 플레이스에서 NFT를 매매하면 대부분 구매한 사람이 구매가격의 10퍼센트를 수수료로 지불한다. 그중 2.5퍼센트는 마켓 플레이스에, 7.5퍼센트는 판매한 창작자나 콘텐츠 사업자에게 돌아가는데, 이런 비율도 스마트 계약에 포함되어 있어 2차 유통도 자동으로 처리한다. 즉, NFT의 전매나 2차 유통, 3차 유통에 따른 수익 분배 내용을 스마트 계약으로 한 번만 지정해두면 반영구적으로 처리된다.

음악 분야는 일본음악저작권협회JASRAC에서 창작자들의 수입을 보호하고 있다. 다만 그 수입을 징수하기까지 막대한 비용이 들어가는데, 만일 스마트 계약 프로그램을 사용하면 일본뿐만 아니라 세계에서 비용을 들이지 않고 징수할 수 있게 된다.

또 아직은 구상 단계지만, 1년 이상 NFT를 소유하면 이익이 발생한다든지 거꾸로 시간이 흐르면 가치가 소멸해버리도록 시스템을 만들 수도 있다. 이 모든 일을 차례차례 실현하는 과정이 NFT 2.0이다.

출처: https://opensea.io/assets/0x19bbb792667bc123f5d99c4f6077a06f79f6dbe4/1?locale=ja&fbclid=IwAR3oB
nx_M3_2Qmr5dqF-nHDJiTTIIkMUQRqydB9_G5n9RBYv87jwIuI7Z4I

NFT로 부의 패러다임을 바꾼 사람들

자본주의의 갱신 ─────────────────

마지막으로 내가 NFT를 포함해 블록체인에 주목하고 있는 비즈니스를 간단하게 소개하려 한다.

앞서 언급한 서드버스와 피낭시에 말고도 2018년 2월 구미 크립토스 캐피털gumi Cryptos Capital이라는 펀드회사를 설립해 해외 신생기업에 중점적으로 투자하고 있다. 블록체인 게임 개발회사인 더블점프 도쿄의 대표도 맡고 있다. 서드버스나 더블점프 도쿄에서는 청년들의 삶의 방식을 더 나은 방향으로 이끌기 위해 활동하고 있고, 피낭시에에서는 자본주의를 갱신하기 위해 움직이고 있다. 크라우드 펀딩 2.0이라는 비전과 함께 창작자 경제Creator Economy★를 실현하는 것이 목표다.

자본주의 갱신이란 좀 더 구체적으로 말하면 주식회사의 재발명이다. 내가 지금까지 장황하게 설명한 내용을 간단하게 정리하면, 블록체인은 세상을 바꾸는 엄청난 혁신이다.

그렇다면 지금까지 최대 혁신은 무엇이었을까. 18세기에 제임스 와트가 상용화한 증기기관이 주로 언급되는데, 증기기관은 산업혁명을 몰고 왔고 그후 철도나 자동차 같은 여러 발명품을 쏟

───────────────────────

★ 콘텐츠 제작자가 온라인이나 모바일 플랫폼에서 자신의 창작물을 이용해 직접 수익을 올리는 산업

아내며 세상을 진화시켰다. 하지만 내가 생각하는 가장 큰 혁신은 바로 주식회사다.

주식회사는 증기기관이 발명되기 이전인 1602년에 네덜란드 동인도회사에서 발명했다. 그전에는 사업을 시작하려면 스스로 돈을 벌어 자금을 모으거나 대출을 받는 수밖에 없었다. 사실상 금수저로 태어나지 않으면 사업을 하지 못했다.

그러나 주식회사라는 사업 구조가 생겨나면서 자신이 내세운 비전에 동참하고 싶어하는 투자자만 있으면 누구나 사업에 도전할 수 있게 되었다. 그것이 궁극적으로 완성된 형태가 실리콘밸리일 것이다. 투자만 계속되면 사업을 이어갈 수 있다. 이 점이 주식회사가 획기적인 이유다.

최근에 나는 "미래는 기업의 시대가 아닌 개인의 시대"라는 말을 자주 듣는다. 알기 쉬운 예가 유튜버인데, 아티스트는 물론 운동선수까지 개인 창작자가 중심인 경제가 탄생하는 것이다. 그런데 이들이 하고 싶은 일, 목표를 이루는 데 필요한 구조가 주식회사인지는 의심해보아야 한다. 한 유튜버가 재미난 동영상에 도전하고 싶다며 주식회사를 만들어 벤처캐피털로부터 자금을 조달한다고 가정하자. 주식회사는 성장을 멈추면 망한다. 즉, 판매지수를 올리며 꾸준히 이익을 늘려야 한다. 개인 유튜버 한 명이 활동하면 회사 성장에 한계가 있으므로 필연적으로 다른 사람을 고용하는 수밖에 없다. 여기에는 크나큰 모순이 있다. 그가 우수한

NFT로 부의 패러다임을 바꾼 사람들

창작자일지는 모르지만 우수한 교육자는 아닐 수도 있고, 아무리 다른 사람을 가르친다 해도 그의 팬들은 그가 교육한 다른 누군가를 보려고 구독 버튼을 누르는 게 아니다.

이런 모순을 해결하는 회사가 피낭시에다. 이곳에서는 창작자가 하고 싶은 일을 실현하기 위해 자금 유치 수단으로 개인 토큰(NFT나 포인트)을 발행하고, 팬들이 그 토큰을 구매한다. 팬들은 판매 실적이나 이익에 매달리지 않으며, 기본적으로 자신들이 낸 자금은 창작자가 완성한 작품으로 돌아온다. 이런 순환 구조라면 주식회사와 같은 모순은 생기지 않는다. 요컨대, 매출이나 이익처럼 기업을 중심에 둔 시대적 가치 척도는 개인의 시대에 맞지 않는다. 창작자 경제는 다른 곳에서 가치를 찾아야 한다. 이것이 주식회사의 재발명이고 자본주의의 갱신이다.

최근 창작자 경제에 자금을 지원하는 서비스 중에는 크라우드 펀딩 1.0, 팬클럽이나 팬카페 등의 구독형, 도네이션 등의 후원형 서비스가 유행하고 있다. 기부금을 모으는 NPO도 있다. 그들 서비스와 크라우드 펀딩 2.0 사이에는 어떤 차이가 있을까. 기존의 크라우드 펀딩 1.0이나 팬클럽 등은 자금을 제공한 팬에게 금전적인 이득 없이 애정만을 주었다. 반면에 크라우드 펀딩 2.0은 토큰을 발행한다. 그 토큰을 원하는 사람이 늘어나면 가치가 상승할 가능성이 크다. 즉, 주기만 하지 않고 금전적 이득을 받게 된다는 점이 결정적으로 다르다.

피낭시에를 설립할 때 축구선수 혼다 게이스케本田圭佑와 나가토모 유토長友佑都에게 자문을 건네며 자주 이야기를 나누었다. 두 사람은 팬을 매우 소중하게 여긴다. 대부분은 그들이 유명해지고 나서 팬이 되었으나, 역시 무명 시절부터 응원해준 사람들에게 더욱 고마움을 느낀다고 한다. 그런 소수에게 보답하는 구조가 있으면 좋겠다고 했다. 나가토모는 고등학교 시절에는 전국적으로 이름을 날리지 못했고 대학 시절에도 부상으로 시합에 나가지 못하고 한동안 관객석에서 북을 치고 있었다고 한다. 만일 그 시절에 나가토모 토큰이 있었고 당시에 응원하던 팬이 토큰을 사두었다면 지금 얼마나 가치가 올랐을지 상상하기도 벅차다.

운동선수나 아티스트만이 아니다. 이렇게 주고받는 구조라면 해외에 유학해서 장래에 새로운 사업을 일으키겠다는 목표를 세운 학생이 토큰을 발행해 유학비를 조성하는 일도 가능할 것이다. 미래에 성장할 여지가 있어 보이거나 혹은 꿈을 응원하고 싶은 상대의 토큰을 구매해서 지원하는 사람이 많이 나타나면, 주식회사 시대에는 실패에 대한 두려움으로 불가능했던 다양한 일들에 개인적으로 도전할 수 있을 것이다. 이 도전은 분명 기존 자본주의와는 다른 새로운 가치관을 지닌 기회가 될 것이다.

지금까지는 대량생산이 필요했기에 비용 역시 대규모로 있어야 했고, 그래서 주식회사가 쓸모 있었다. 하지만 앞으로 필요한 건 창작자 개인의 도전을 지원하는 소규모 자금이다. 그러기 위해

NFT로 부의 패러다임을 바꾼 사람들

서는 주식회사와는 다른 구조를 만들어 자본주의를 갱신해야 한다. 바로 이것이 피낭시에의 미션이다.

이렇듯 창작자와 지원자의 관계는 신생기업과 구성원의 관계와 닮아 있다. 신생기업 구성원은 자사주를 보유하고 있다. 상장하거나 사업을 매각하면 금전적으로 큰 보상을 얻게 되므로 회사가 성공하도록 구성원이 모두 힘쓴다. 즉, 회사의 주식을 보유하면 자신도 회사의 주인이라는 주인의식이 발동한다. 그와 마찬가지로 팬도 자신이 좋아하는 창작자의 토큰을 보유하면 창작자의 꿈을 실현하는 파트너라는 지금까지 없었던 주인의식이 생긴다.

텔레비전 중심의 대중매체 시대에는 일방적으로 콘텐츠를 소비하는, 이른바 관람만 하는 팬이었다. 그러나 인터넷이 탄생하고부터 SNS에서 팔로워가 되어 게시물을 공유하고 유튜브로 채널을 구독해서 댓글을 입력하며 2차 창작도 하는, 참여하는 팬이 되었다. 거꾸로 말하면 창작자 개인이 예전처럼 콘텐츠를 무작위로 내보내지 않고 한 사람 한 사람과 쌍방향으로 소통하지 않으면 팬이 늘지 않는 시대가 되었다. 그리고 내가 조만간 다가오리라고 기대하는 미래는 그보다 훨씬 더 나아가 팬이 창작자의 비전에 공감하는 운명공동체 같은 파트너가 되는 시대다. 크라우드 펀딩 2.0은 그런 시대에 걸맞은 구조다.

NFT는 가능성의 보물 창고

인터넷 여명기에 나는 중학생이었기에 비즈니스와는 무관한 삶을 살았다. 스스로 무언가를 생각하지도 않았고 인터넷 혁명이라는 트렌드와 함께 외부 환경이 크게 변화해도 방관만 하는 여느 소비자였다. 돌아보면 소비자에게는 편리한 세상이 되었지만, 어른들이 사업을 전개하며 다양한 시행착오를 겪는 모습을 보면서 어린 마음에도 막연하게 답답함을 느꼈다. 그런 답답함이 싹을 틔워 NFT와 블록체인이 이끄는 산업혁명이라는 시대의 부름에 비즈니스 주체자로 설 수 있게 되어 가슴이 벅차다. 시장이 활기를 띠고 발전해가는 모습을 똑바로 지켜보고 싶은 의욕이 솟구친다.

지금 우리는 새로운 시대의 입구에 서 있다. 만일 이 책을 손에 든 당신이 NFT를 활용해 사업에 뛰어들려고 하는 기획 경영진이나 신규 사업 개발 담당자라면, 참여를 긍정적으로 생각하길 바란다. 시장조사를 거듭할수록 지금의 현상이 일과성으로 끝나는 붐이 아니며 게임의 규칙이 바뀌고 있다는 사실을 피부로 느낄 것이다. NFT의 가능성에 눈을 뜨면 분명 설렘으로 가득할 테니 말이다.

NFT나 블록체인뿐만 아니라 메타버스 등의 VR/AR, 5G 기술이 진화해 합류하며 현실세계와 가상세계의 융합은 계속 전진할 것이다. 동시에, 경제망도 발전하고 관련 법률도 서서히 정비되어 '인터넷 이후의 산업혁명'이라 할 만한 흐름이 이어질 것이다. 그 안에서 NFT로 발행된 디지털 데이터는 한정 수량으로 공개되어 경제적 가치를 지니고 현실세계의 유일무이한 물건이나 일과 똑같이 활용될 것이다. NFT가 현실세계의 다양한 물건이나 일을 대체하고 비즈니스를 비롯한 행정 업무에도 적용되어, 이를테면 부동산 권리를 네트워크에서 손쉽게 세상이 머지 않았다. 이와 함께 새로운 가치도 디지털상에서 점점 이전하게 될 것이다.

내가 이 책을 출간하기로 한 배경에 대해 짚어두고 싶다. 나는 현재 일본암호자산비즈니스협회 NFT부회 회장으로 있으면서, 동시에 암호자산 거래소를 운영하는 코인체크에서 신규 사업을 비롯한 관련 업무도 책임지고 있다. 이 책을 출간하고 NFT부회를 결성한 것도 원래는 코인체크에서 NFT 사업을 신규 사업으로 추진하는 과정에서 결정되었으며 피해갈 수 없는 길이었다.

인터넷기업에서 근무하던 나는 2018년에 코인체크에 합류했다. 암호자산 및 금융 관련 사업에 관해 알아가면서, 일본은 이용자 보호나 자금 세탁 등의 범죄를 방지할 목적으로 금융에서 마련해놓은 법 규제의 틀이 매우 잘 잡혀 있다고 느꼈다. 안심하고 이용할 만한 규칙이 정비되어 있다는 건 중요한 강점이긴 하지만, 사업을 속도감 있게 움직이지 못하는 측면도 있다고 생각했다.

2019년과 2020년에 걸쳐 업계마다 제각기 암호자산 및 블록체인의 활용 사례를 만들기 위해 사업을 검토했다. 플랫폼 비즈니스를 보면, 중앙은행 디지털 통화CBDC나 보안 토큰(주식이나 채권 등을 토큰화한 것), 암호자산이나 NFT와 같은 보조적인 기술은 모두 블록체인이지만 법적인 지위나 용도가 달랐고, 크게 네 가지 분야로 나뉜 상황이었다. 중앙은행 디지털 통화나 보안 토큰은 국가 사업이어서 기존 규제에 맞춰가는 과정이 상당히 까다롭다. 그래서 우리는 법 규제에서 일정한 승산이나 가능성이 보여서 빠르게 진행할 수 있는 NFT 사업을 전개해 차별화하기로 했다.

지금이야 NFT가 빈번하게 미디어에 등장하지만, 당시는 'NFT란 무엇인가?'라는 개념을 이해하기에 급급한 상황이었고, 업계 관계자 말고는 거의 알려지지도 않았다. 그렇게 시작했지만 새로운 활로를 찾아야 할 NFT 비즈니스에 대한 시야를 넓혀나가며 여

NFT로 부의 패러다임을 바꾼 사람들

기에 기존의 암호자산 비즈니스를 연계해 복합적인 사업 시너지를 기대할 수 있었고, 코인체크다운 생태계를 창조할 수 있겠다는 희망도 품었다.

구체적으로는 2019년 말부터 기존 업무를 보면서 자투리 시간을 활용해 날마다 구상에 전념했다. 개발자원은 준비되어 있었지만 코인체크에서 NFT 사업이 가능할지, 어떤 상품으로 전개해야 할지 고민하던 차였다. 2020년 4월에 어쩌다 다른 개발 안건의 진행이 늦춰지는 바람에, 경영진 사이에서는 공중에 떠버린 자원을 활용할 곳을 찾아야 하는 문제가 주요 사안이 되었다. 당시에는 NFT 시장이 작았고 재미는 있겠지만 정말 사업으로 성립할지 의심하는 분위기였으나, 길게 내다보면 직원들이 게임이나 새로운 기술을 반기는 사내 문화와 어울릴 것도 같았다. 또 해외 벤처캐피털과 화상회의를 하거나 NFT를 경험해본 사람들을 실제로 만나 1차 정보로 생생한 의견을 들으며, 네트워크 상에서는 드러나지 않던 열기를 느꼈다. 그렇게 다시 진행해야 한다는 확신이 들었고 지체하지 않고 경영진끼리 논의를 거쳐 단기간에 NFT 사업에 참여하기로 했다. 그때가 2020년 6월 즈음이었다.

같은 해 5월부터 여름이 끝날 무렵까지 전 세계에서 디파이 및 NFT가 성황을 이루었다. 일본의 속도와 전 세계의 속도 차이를 실감하면서 글로벌 트렌드도 주시해야겠다는 생각이 들기 시작했다. 암호자산 업계 내부에서 보았기에 깨달은 사실이지만, 이

업계의 진행 속도는 이상할 정도로 빨랐고 신규 사업을 진행할 때 소 잃고 외양간을 고치기는커녕 미리 예측하고 대비하지 않으면 늦을 것 같았다. 이 위기감을 밑천으로 2021년 2월 일본 최대 NFT 거래소인 밈의 운영회사를 합병하기에 이르렀다.

또 비즈니스 트렌드를 포착하는 데 머물지 않고 시장 전체를 확대하기 위해 NFT 사업의 토대가 되는 판매나 유통 규칙을 정비할 필요도 있었다. 사업자가 마음 놓고 발 빠르게 NFT 사업에 참여해 양질의 여러 NFT를 시장에 공급하면 이용자의 선택지도 늘어나고 사업자도 더욱 많아지는 선순환을 만들어 시장을 활성화할 수 있겠다고 믿었다. 그 신념이 2020년 7월에 일본암호자산비즈니스협회에서 NFT부회를 발족할 때 근본이념이 되었다. 그후 40곳 이상의 기업이 부회 회원으로 가입했고, 이들의 적극적인 공헌에 힘입어 2021년 4월 26일 NFT 가이드라인을 공표했다 (가이드라인은 향후 상황에 맞추어 갱신할 예정이다).

가이드라인에는 주로 법률 규제에 저촉되지 않기 위한 플로 차트와 NFT로 설계할 때 고려해야 할 핵심 내용을 실었다. 일본 안팎에서 발생한 구체적인 사례나 NFT의 선두에서 분투하고 있는 사업자들의 생각, 전문가의 식견을 전달해서 사업자들의 참여를 촉진하고 이용자를 유입해 시장이 더욱 빠르게 발전하는 데 작은 힘이 되기를 바란다. 그리고 더욱 많은 사람들이 NFT와 그 가능성을 알아차리기를 바란다. 이렇게 순수한 명분에서 솟은 단순한

NFT로 부의 패러다임을 바꾼 사람들

의지가 이 책을 출판하게 된 동기다. 바쁜 중에도 갑작스러운 의뢰에 흔쾌히 집필을 맡아준 27명의 전문가에게 감사의 말을 어찌 전달해야 할지 모르겠다. 진심으로 감사하다.

다양한 기업이 NFT 사업에 참여하기 시작한 2021년은 콘텐츠 유통에서 일어날 장대한 혁명의 아주 자그마한 서막에 불과하다. NFT는 새로운 산업혁명을 일으키기에 충분한 과학기술이며 가능성의 보물 창고다. 이는 소중한 사진을 끼워 넣는 반듯한 액자 틀과도 같다. 그 틀에 어떤 스토리나 의미가 깃든 사진을 담는가는 바로 당신에게 달렸다. 이 책이 독자에게 NFT 비즈니스를 시작하기에 딱 맞는 틀이 되기를 기원한다.

공동편집 대표 아모 겐스케

옮긴이 정현옥

대학교에서 일본문학을 전공했다. 일본에서 어학연수 및 전문학교를 거쳐 힐튼호텔에 입사했고 일본어 통·번역 및 항공 계약 협상 업무를 담당했다. 이후 출판번역가로 전향해 다양한 분야의 일본 도서를 기획, 번역했으며 현재 출판번역 에이전시 글로하나에서 일서 리뷰와 번역에 매진하고 있다. 옮긴 책으로는 『초예측』, 『혼자 공부하는 시간의 힘』, 『언택트 공부 혁명』, 『아무것도 하기 싫은 사람을 위한 뇌과학』, 『책 읽기가 만만해지는 이과식 독서법』, 『상위 1%로 가는 일곱 계단』, 『나는 일주일에 이틀만 일하기로 했다』, 『영어로 하는 영어 수업』 등 다수가 있다.

NFT로
부의 패러다임을
바꾼 사람들

1판 1쇄 인쇄 2022년 6월 1일
1판 1쇄 발행 2022년 6월 15일

지은이 아모 겐스케, 마스다 마사후미 외
옮긴이 정현옥

발행인 양원석 편집장 차선화 책임편집 박시솔
디자인 남미현, 김미선 영업마케팅 윤우성, 박소정, 정다은, 백승원
해외저작권 함지영 교정교열 강경희

펴낸 곳 ㈜알에이치코리아
주소 서울시 금천구 가산디지털2로 53, 20층 (가산동, 한라시그마밸리)
편집문의 02-6443-8890   도서문의 02-6443-8800
홈페이지 http://rhk.co.kr
등록 2004년 1월 15일 제2-3726호

ISBN 978-89-255-7820-0 (03320)